IL CARAVAGGIO

ENRIQUE TROGAL

IL CARAVAGGIO

axiales
COLECCIÓN

© Enrique Trogal

© Ilustración de portada: Patty Ice
© Prólogo: Rafael Escobar Sánchez

© Añil desarrollo gráfico, S. L.
Mahalta ediciones es un sello editorial de Añil desarrollo gráfico, S. L.
www.anil.es
www.mahalta.es

Colección Axiales n.º 1
Primera edición: octubre 2024

ISBN: 978-84-128976-5-4
Depósito Legal: CR 948-2024

Impreso en España
Diseño y maquetación: Añil desarrollo gráfico, S. L.
Impresión: Safekat, S. L.

Prólogo a un texto precursor

Desde esta esquina del tiempo o la cultura que nos ha tocado vivir, que niega la posibilidad de ser original, pero a cambio es una atalaya privilegiada desde la que contemplar logros deslumbrantes del pasado, resulta difícil no sentir una intensa fascinación por Michelangelo Merisi da Caravaggio. Por el perfil humano que nos ofrece a la par que por la obra artística. Como heredero de actitudes subversivas que habían aparecido de manera tan esporádica en los siglos previos que constituían una sorprendente excepción. Como Catulo, igualmente dotado para la expresión de la obscenidad y la ternura y capaz de asumir con orgullo, siglos antes que los modernistas, las etiquetas peyorativas que para él inventaron los reaccionarios de turno (en su caso la de «nuevo poeta»). O el poeta francés François Villon, de escritura aperturista, irreverente, sarcástica hasta la corrosión y cuyo contacto con la delincuencia parece más decidido y vocacional frente al más azaroso que pudo experimentar Caravaggio. Quien, a la vez que recoge y perfecciona el arquetipo humano de los artistas mencionados, proyectado sobre el futuro no puede sino resultarnos un precursor del concepto del artista «maldito», mucho tiempo antes de que se acuñara el término y se utilizara sin duda en exceso, al aplicarse por igual a escritores románticos, franceses de la segunda mitad del XIX (Poe, Baudelaire, Rimbaud), ya del XX (Jean Genet) o estrellas del rock o del cine contestatarias, entregadas a los excesos, la decadencia o la marginación vocacionales y que mueren jóvenes tras dejar a su paso una obra brillante y de incontable influencia.

Tanto en la obra teatral de Enrique como en cualquier biografía del artista que consultemos, nos deslumbrará no sólo su brillantez sino el grado de contradicción íntima que es capaz de representar. Y es que podría considerarse un ejemplo perfecto de lo que denominaríamos «transgresión dentro de lo convencional». Las circunstancias de su muerte no hacen sino añadir más aristas y detalles legendarios a todas esas adscripciones tópicas del artista marginal y salvaje.

Especialmente en el siglo XX, y a la par en géneros diversos y en la escritura internacional y autóctona, no ha tenido nuestro italiano mala fortuna literaria. Sin embargo, no deja de resultar curioso, y quizá también triste, que haya que aguardar hasta el año 1984 y a esta obra pionera que el lector tiene en sus manos, publicada en la colección «El Toro de Barro» de Carlos de la Rica, para que surja la intención de llevar a las tablas las interioridades de una vida y una creatividad que se prestan como pocas a ese proyecto. Y resulta paradójico porque, entre otras muchas que no comento por ser obvias o por falta de conocimientos técnicos para valorarlas, sin duda una de las mayores habilidades del pintor es el talento para la teatralización de los personajes.

Pero centrémonos ya en la obra de Enrique. Comenzando, precisamente, por la maestría con que ha trazado el perfil psicológico del protagonista, retratado en esos innumerables recovecos, de diamante de mil caras, que se alientan y se niegan de forma incesante en su personalidad. Bien podría representar Caravaggio un modelo de solidez de una ética y una moral cimentadas desde los márgenes de su acepción convencional, una vez esta ha degenerado en un dogma —religioso, político, social— inhumano y privado de empatía, tal y como representan personajes como el oficial. La destrucción de esas reglas gangrenadas es precisa, por eso no tiene empacho en reconocerse como prófugo, inmoral, asesino... porque sabe que de todas formas es un juicio que existe sobre él y con el que deberá cargar a perpetuidad para un nuevo renacimiento en conexión con ese espíritu subversivo que tuvo lo cristiano en sus orígenes. De ahí su apelación y autoapelación constante al dinamismo, a la acción, a no ser estoico y concebir la resignación como un pecado repulsivo de rendición, a forjar la vida propia afrontando el desprecio o la muerte. Por ejemplo, en detalles como su repudio de la conversión de la pena de muerte en espectáculo, más si se trata la de un hombre tan luminoso y valiente como él mismo en el arte, pero en el plano científico, como Giordano Bruno. Un término como herejía se resemantiza para aludir a la inquietud por el conocimiento, la experimentación, el desarrollo y la expresión del pensamiento en libertad. Lo bastante lúcido como para desvelar la enorme hipocresía en que se cimenta el mundo, no le queda más remedio que refugiarse en el sueño de la autosuficiencia, visto que no hay amores puros, ni siquiera afectos desinteresados a modo de amistad, a los que se pueda aspirar; y en tener el valor para que exista una coherencia entre su pensamiento y su acción. Pero siempre, claro está, con el trasfondo de las contradicciones íntimas del artista, su doble juego entre el repudio y la sumisión al poder que no deja de revelar el desconsuelo del hombre frágil que, en el fondo, siempre soñó con ser aceptado.

Es la suya una vida marcada por el complejo de desorientación. Trauma perceptible, por ejemplo, al inicio de su estancia en Nápoles después de pasar por la prisión maltesa, cuando siente su identidad desdibujada, su pasado como una masa informe tan irreal como su presente y un futuro cuya realidad no llega a reconocer..., pero sí su futileza, su sinsentido. Esa sensación es inseparable de su vida provisional, carente de estabilidad y siempre entregada, por razones forzadas y también por una íntima vocación de desarraigo, al vagabundeo. Lo cual, sin embargo, no evita cierto orgullo de «hombre hecho a sí mismo», sostenido por su propia terquedad, pese a las agresiones de todo tipo, y por poder enorgullecerse de haber aportado belleza al mundo frente a tantos enemigos suyos que sólo lo han emponzoñado con sus ambiciones. A partir de la escena de la pintura del David ante la cabeza de Goliat, se ejerce una suerte de desdoblamiento en que se percibe a sí mismo a través del personaje con una ternura que se va poco a poco transformando en una cercanía afectiva que bordea con una sensualidad casi masturbatoria («Acaricio con mis labios tu cuerpo, hundo mi piel en tu carne; aquí estoy, aquí me tienes y ya no me iré de tu lado...»), pero que degenera en horror por reconocer el presagio de su muerte trágica, que intenta en vano desdecir como una mera aprensión, en esa cabeza decapitada que pinta («Es mi gesto, es mi frente, son mis ojos mirándome desde un mundo que no es el mío, desde una quietud que no quiero, desde una muerte que no me pertenece...»). Se añade al complejo perfil psicológico del artista su conciencia de víctima del *fatum*: llega a definirse como un «barco arrastrado por tempestades y vientos contrarios», una sensación que lleva directamente a esa conciencia de malditismo —y doble: de cara a Dios y a los hombres y su aberrante mundo— que anticipa una de tantas definiciones tópicas en que siglos después habrá de encajarse su obra.

Como en las obras de Buero Vallejo, pensemos, por ejemplo, el final de *El concierto de San Ovidio*, hay dentro de él cierta «fe a la desesperada» en un mundo futuro en que finalmente imperen los principios de la tolerancia y la razón. Por ejemplo, en la confianza que tiene Caravaggio en que se imponga definitivamente la visión del cosmos que revela el, todavía sórdidamente polémico, *De revolutionibus* de Copérnico. También lo habita un intenso complejo de inferioridad por no haber tenido una educación sólida y esmerada, una carencia de refinamiento que tiene una doble expresión: por un lado, alienta su tendencia a vivir entre lo sucio y suburbial; por otro, le sirve de coartada para preservar su libertad frente a las imposiciones dogmáticas (no saber latín es una perfecta excusa para justificar su ausencia a misas y actos religiosos en la época).

Al margen del protagonista, otros personajes, incluso los que aparecen de manera más episódica como una suerte de atrezo humano, llaman nuestra atención por su hondura y acabado mental redondo. Por ejemplo, un Baglione que no se ajusta al rol del antagonista, y no sólo porque su actitud ante Caravaggio oscile entre el desprecio o la envidia y la más profunda admiración, sino por ser el portavoz para caracterizar una Roma corrupta, una ciudad cuya apariencia de fastuosidad o espiritualidad no es más que una ficción —«suntuoso teatro»— en que se larvan las ambiciones materiales más viles (el palafrenero también insiste en ese carácter peligroso de Roma que pasa habitualmente inadvertido) como símbolo de una debacle general de los tiempos. Situado su monólogo justo al comienzo de la obra, en una única y extensa intervención, bien lo podríamos calificar de «personaje-acotación» en cuanto aporta los datos contextuales imprescindibles para comprender el drama o la aventura del resto de caracteres.

Resultan estimulantes un buen número de personajes secundarios cuyo perfil parece relacionable con el *dramatis personae* de la picaresca, como el criado Orazio, que deja a Caravaggio abandonado en la calle después de cobrar e ir corriendo a gastarse, probablemente en vino, la moneda que Baglione le entrega, en teoría para socorrerlo, y cuyo materialismo se demuestra de nuevo poco después cuando da por hecho que la gitana sólo pretende robarle el dinero que se le ha entregado al artista como limosna. También el del palafrenero que, como un gracioso del teatro español de la época, representa la cobardía y huye al reconocer a Caravaggio y temer los posibles problemas que le pueda causar su condición de prófugo buscado por la justicia. O el acanallamiento del pueblo en personajes a modo de pinceladas de cuadro costumbrista como los soldados y la cortesana que ríen ante el cadáver calcinado de Bruno, la grosería y brutalidad de Pasqualone, uno de sus compañeros de presidio en el Forte Sant'Angelo, o los vagabundos que asisten con indiferencia o sorna a su agonía en las escenas finales: lo golpean cuando este intenta recobrar la capa que le ha robado uno de ellos. La caracterización realista alterna con la «ruptura del decoro» en la que, como en los esperpentos de Valle-Inclán, personajes de la marginalidad pueden sorprendernos con un insólito lirismo u hondura filosófica en su manera de pensar y expresarse, por ejemplo, en la charla de Caravaggio con Flavio y Ranuccio en la cárcel.

Párrafo aparte merece la complejidad psicológica del personaje del Cardenal, mecenas voluntarioso y con una relación poliédrica con el artista en que conviven la conciencia de su inmoralidad —con papel relevante para su perfil herético..., aunque al menos valora que no finja hipócritamente una fe que no parece albergar— y la inevitable fascinación por su genio, además de la empatía con su faceta de hombre atormentado y perpetuamente insatisfecho. También Ranuccio tiene una enorme relevancia como portavoz de la idea de lo ficticio de la libertad y cómo esa lucidez fundamenta una visión del mundo en que el escepticismo y la conciencia de la inevitable derrota ya han amputado de raíz cualquier temor que se pudiera albergar. En consecuencia, se niega a la última ficción salvadora que aún supone para el Caravaggio a punto de morir el regreso a Roma y decide negarse voluntariamente toda esperanza antes que ser de nuevo tratado como un proscrito. Su «no vayas a Roma» casi al final lo convierte en uno de esos personajes a modo de coro griego (como la María Josefa de García Lorca) que anticipa la apoteosis trágica antes de su consumación efectiva.

En cuanto a los temas, destaca el de la referencialidad biográfica, que convierte la obra en un pequeño tratado lírico en que caben a la vez la existencia del artista y la posibilidad alegórica sobre el error y la belleza de la vida en su conjunto. Existen momentos de recuento o síntesis a través de una memoria nostálgica de lo vivido, como el ejercido en el primer monólogo del acto segundo. Y la trama apunta a varios momentos imprescindibles, verdaderos puntos de inflexión, en la carrera artística y la trayectoria personal de Caravaggio: su primer asesinato accidental, el honor con que acepta su conversión en caballero de la Orden de Malta, su sumisión a los gerifaltes de tan encopetada institución —como Wignacourt, a quien pintó un famoso retrato— antes de su caída en desgracia y el sentirse dolorosamente estafado cuando no tiene la protección de esos poderosos en un trance que atribuye más a la fatalidad que a su culpa. Las alusiones históricas remiten a hechos como el saco de Roma por parte de las tropas de Carlos V y a la reacción de la curia vaticana que es de una sumisión que no está relacionada con la humildad y el reconocimiento de los propios errores, sino con el pragmatismo de someterse para no perder sus privilegios, misma intención que se atribuye al famoso Concilio de Trento.

En varios momentos de la obra apunta un estimulante componente esotérico. Por ejemplo, y como una suerte de homenaje a las brujas de Macbeth, el que aporta la gitana con su profecía sobre la próxima gloria artística del pintor justo antes de una muerte prematura, que es capaz de describir con nitidez y detalle, aunque sea entre las brumas de una visión, y que parece repetirse en otros momentos de la obra. Supone el personaje, igualmente, un elemento para ensamblar una estructura circular por su aparición al principio y al final de la obra y realizando una acción idéntica: intenta robar de la bolsa del artista desmayado y al final muerto. En un sentido similar, las apariciones espectrales, más atribuibles a pesadillas o fantasmas que a visitas de personaje en carne y hueso —los caballeros de la Orden de Malta que lo golpean, el papa Paulo V que lo humilla con sus carcajadas—, del Caravaggio desbocado en el torbellino de su desquiciante monólogo mientras pinta su Goliat decapitado y debate consigo mismo su retorno a Roma desde Nápoles.

La descripción de la Roma que le ha decepcionado por parte de Caravaggio adopta tonos de *vanitas* —es muy significativo el uso de la palabra pudridero— y lleva la imaginación a tonos macabros de otros pintores de la época como Valdés Leal. Tópico perceptible también en otras escenas como aquella en que el oficial señala la carroña ya reseca de Bruno como hundimiento de ese pretendido nuevo pensamiento liberador. Flavio parece ahondar la idea con un *ubi sunt* en que el recuerdo de seres humanos brillantes degollados por la muerte no crea, como en el propio Jorge Manrique, angustia sino conformidad con el propio destino, la sensación de que es un acto de justicia y también una relativización del valor del arte al no poder escapar de ese inmenso pudridero que engulle todo.

También hace su entrada al final la ironía trágica con el inminente final del artista en Porto Ercole, justo en el momento en que se ha hecho ilusionantes expectativas acerca de su indulto y la nueva protección de personajes influyentes y poderosos, también en la llegada del mensajero para llevarle algo que ya no logramos saber y que sólo encuentra el silencio de su cadáver.

No sé si es oportuno hablar de simbolismo en esta obra. Pero sí parece que hay escenas de la obra a las que se podría buscar, sea pertinente o no, una interpretación alegórica: por ejemplo, lo referido por Ranuccio sobre su estancia indefinida en la cárcel, aguardando una condena a muerte que se espera con agonía y puede materializarse en el momento más inesperado... ¿no es un hipotético emblema existencial? Caravaggio parece rubricarla al definirnos como «mulas que dan vueltas y vueltas alrededor de un pozo». Una desazón que conecta con el existencialismo angustioso que caracteriza a Flavio en una reflexión sobre la rutina, la apatía vital, la existencia como eterna repetición de lo mismo en su devenir por el tiempo que acaba casi colindando con el sinsentido de todo y el nihilismo. Y que da pie a otro debate, hondo y angustioso, que remite al monólogo de Hamlet: ¿rendirse al absurdo o aferrarse a una difusa esperanza hasta cuando no hay motivos para fabularla?

En cuanto a recursos de estilo, es interesante el cotejo entre técnicas aquí utilizadas y su empleo en otras figuras destacadas de la escritura teatral contemporánea. Así, la escena dialógica entre Caravaggio y el oficial se presta a una comparativa con Juan Mayorga (pensemos, y quizá es el ejemplo más acertado, en *La lengua en pedazos*, sobre el conflicto de Teresa de Jesús con los inquisidores), precisamente por esa preeminencia de lo verbal sobre cualquier otro elemento escénico portador de significado y por esa representación, aunque no llegue a convertirlos en símbolos (ni en Trogal ni en Mayorga pierden nunca los personajes su espesor humano para convertirse en ideas) de modos de pensamiento antagónicos entre la libertad y la opresión.

Es un acierto permanente en toda la obra la caracterización lingüística de Caravaggio por la alternancia entre palabras soeces, lenguaje tabernario y desgarrado: las increpaciones a su criado, a Roma, las reflexiones sobre su fracaso vital y artístico en que logra el más expresivo autoimproperio, los denuestos a los carceleros que le propinan un trato inhumano en prisión... y el registro más elevado y poético de sus monólogos dramáticos, como una representación verbal de las ambivalencias de su personalidad entre lo degradado y lo sublime. Esa estética de contrastes se plasma también en una fusión entre lo trágico y lo grotesco que tiene uno de sus mayores exponentes en la escena final de la playa en que la agonía de Caravaggio se ve observada e interrumpida por los bailes y comentarios despectivos de los comediantes disfrazados.

Hay una quiebra permanente de las unidades teatrales clásicas por la amplitud de espacios y ámbito biográfico del personaje que abarca la obra, típica del teatro para leer y no para ser representado. Trogal sabe, como Lorca o Valle-Inclán —más como el primero, pues no parece su intención hacerlo irrepresentable de manera vocacional— que es el suyo un teatro para la lectura íntima más que para la escenificación. Destaca también el recurso del «flash–back» al final de la obra en la evocación que realiza Ranuccio sobre los últimos instantes vividos junto al artista en la cárcel maltesa y en la funcionalidad narrativa de dicho recurso: en el mismo se nos informa de la muerte de Flavio y Pasqualone y de cómo a partir de esas experiencias el compañero de Caravaggio confiesa haber «perdido definitivamente el miedo».

La ambivalencia lingüística que hemos intentado caracterizar en uno de los párrafos previos se lleva a los espacios narrativos. De un lado, lo más recóndito e innominado (la callejuela del comienzo, la inhóspita cárcel de Malta en que se aguarda la ejecución o la invasión de los turcos). De otro, lo bendecido por el arte y la historia (Campo di Fiori, una elección oportuna para escenificar la memoria del talento masacrado en Giordano Bruno, a la que se añade otra bestial ironía en el contraste entre esa atrocidad y la música de Monteverdi que suena en escena).

Como Fernando de Rojas con su carácter principal en *La Celestina*, aquí Caravaggio extiende su relevancia protagónica antes de su primera aparición efectiva y después de su hundimiento en la nada. Así, gracias a los monólogos previos de Baglione y el Cardenal, Caravaggio ya ha sido caracterizado en sus hitos vitales y psicológicos más importantes sin haber tenido aún la oportunidad de expresarse por sí mismo en escena. Y en la consumación de su historia en Porto Ercole, el mensajero y la gitana se convierten en portavoces de todas esas ambigüedades sobre su muerte destinadas a convertirse en un enigma estimulante y abierto a perpetuidad durante siglos.

En definitiva, en cualquier obra literaria uno de los elementos que más suscitan nuestro interés, y también nuestra admiración, es la sensación, tan intensa que parece literalmente sensorial, de haber palpado a un hombre. De haber visitado su entraña a pesar de lo inevitable de la máscara que autor y personaje hayan debido vestir para crear esa impresión de realidad viva. Tal mérito se reduplica si además, y como en este caso, la que se afronta no es la propia intimidad sino la de un artista, no sólo lejano en el tiempo sino de una identidad desdibujada por un catálogo, no siempre exacto ni justo, de leyendas, mitologías trágicas e incurrencias en lugares comunes del arte clásico o moderno. Además, y como hemos comentado al principio, Caravaggio fue un artista que mimó al detalle la escenificación de sus cuadros. Ni gestos, ni miradas, ni modelos concretos, ni ubicaciones espaciales y ni siquiera detalles de atrezo —recuérdese, por ejemplo, el valor simbólico de los objetos que pisotea Cupido en *El triunfo del amor*— fueron para él una elección azarosa, sino esa síntesis de espontaneidad y cálculo que siempre es seña de identidad de un creador perdurable. Y por eso esta obra que os disponéis a leer alumbra un doble logro: el trazado redondo de un artista y el lograrlo en el molde genérico que sin duda hubiera preferido y que, hechos inexplicables de este mundo nuestro, la tradición literaria siempre le negó.

RAFAEL ESCOBAR SÁNCHEZ

Razones para una nueva edición

Fue Carlos de la Rica el primero que saboreó el texto de *Il Caravaggio*, y empleo la misma expresión que, según cuenta Enrique Trogal, utilizó nuestro añorado párroco humanista cuando terminó la lectura del manuscrito que el joven escritor le había llevado a Carboneras del Guadazaón con el propósito de verlo pronto publicado. Un texto primerizo y ambicioso, en prosa y con la estructura de unos diálogos teatrales.

La génesis de la obra me la ha contado así el propio autor. En el otoño del año 1982, y mediando una larga convalecencia en cama por enfermedad diagnosticada, Trogal incubó dos cosas: una hepatitis y la corte de personajes que aparecerán algo más tarde en su libro. La hepatitis procedía de las últimas semanas de vida universitaria en Madrid, vividas con la desinhibida y promiscua intensidad de quien sabe que ha llegado al pico más alto de la juventud, que termina una etapa de la vida, y que hay que gastar toda la energía residual y metabolizar todas las vivencias acumuladas para iniciar una etapa nueva, en la que era conveniente ingresar a cuerpo limpio, sin ataduras sobrantes y empezando de cero. Resumiendo, sexo, drogas y *rock'n'roll* antes, el santo y seña de su generación, y después también, pero con la tenacidad adecuada y conociendo los límites que no hay que pisar para evitar la caída en la estupidez, la sobredosis o el suicidio. De modo que había que volver a comenzar recuperando impulsos, renovando ambiciones y generando ánimos diversos para el porvenir recién iniciado. En Cuenca y con hepatitis. La corte de personajes irá surgiendo poco a poco de las muchas vigilias, duermevelas, impaciencias, días interminables, huidas al ensueño, de los diálogos imaginarios en la cama con emperadores, artistas, sicarios, obispos, mercenarios, lacayos, comediantes, filósofos...; y de las muchas lecturas con que tuvo que llenar el dilatado desierto sin horas que es una enfermedad larga sin ningún aparato farmacológico, pero con una implacable prescripción de inmovilidad y dieta estricta, de Kenneth Clark a Cernuda, de Vladimir Holan a Marco Aurelio, Cervantes siempre, y Sófocles, Yourcenar, Lovecraft..., y muchos libros de historia, y mucho arte, y, claro, Michelangelo Merisi da Caravaggio.

Durante todos esos meses de convivencia con la enfermedad, Trogal aprenderá mucho y escribirá mucho. De ella saldrá, ya sano otra vez, renovado, diferente, con ganas de comerse el mundo, iniciar una vida profesional y muchos proyectos. Y con *Il Caravaggio* terminado, cuya publicación se haría realidad en 1984. De todo lo demás, ya se sabe: la vida dura se hace mucho más dura cuanto más te empeñes en reclamar tu parte del pastel. Y los proyectos tardan en cumplirse.

La verdad es que Enrique y yo hemos conversado mucho sobre el libro, que he leído gracias a uno de los dos últimos ejemplares que en su biblioteca conserva de la edición original de 1984, la amarilla (por el color de la portada, diseñada por su inolvidable amigo del alma, Alfonso Medina, que alguna relación tiene con el origen de la historia y la enfermedad), que a tal efecto me prestó. Y también sobre la conveniencia de su reedición, o de la oportunidad de ponerlo otra vez en circulación para los lectores de este primer cuarto de milenio, o en qué razones fundamentar la necesidad de la nueva edición de esta obra. Pero, sobre todo, le he hecho muchas preguntas acerca del personaje, quién era, cuál es su contemporaneidad, qué nos dice hoy este pintor que tanto le fascina. Y me indica Trogal que Caravaggio es, para él, uno de los más deslumbrantes y perturbadores creadores visuales en una selecta nómina personal que incluye a Velázquez, Turner, Giotto, Rembrandt, Tiziano, Goya, Monet, Picasso, Rothko, Rauschenberg... Están en todos los manuales y en todos los touroperadores, pero Enrique advierte que hemos de ser capaces de abstraernos a todo ese marketing del ocio programado, a toda esa masificación de la experiencia estética reducida a promoción de supermercado, y poder llegar así a la visión primordial del universo que bulle en un simple trazo de pincel, la revelación profunda de la realidad y la hermosura que nos regala el talento visionario y atormentado de este puñado de hombres que nos hablan directamente al alma. Porque en ese gesto vibrante de pincel vamos a encontrar orgullo, dolor, música, sabiduría, poesía, grandeza y miseria, y toda la teoría de arquitrabes y contrafuertes sobre la que se nos construye la sociedad a la que nos aferramos, el orden, sus leyes, el caos que tocamos con las manos y todos los mundos indescriptibles que nuestra mirada puede hacer surgir, nuestra razón nombrar y nuestro corazón temer, desde una soledad herida, un grito desolador de rabia, un jadeo de amor o un puño cerrado, un canto amigo, un libro de esperanza, lo que somos y lo que podemos llegar a ser, el horizonte insospechado que nos abre, la mágica geometría que nos descubre en el placer, en la lucha y en la compasión.

Me dice Trogal que nunca había sentido un *shock* emocional tan intenso y vertiginoso como el que le removió las entrañas hasta el vértigo cuando entró en el Oratorio de la Concatedral de San Juan de La Valeta y contempló la prodigiosa agonía creadora que va de *La degollación del Bautista* a *San Jerónimo*, un tratado en dos lienzos sobre la humanidad sufriente que sacudió sus sentidos con la violencia de la injusticia reparada, el deslumbrante rojo eruptivo sobre el santo solitario que encandece la desnudez del cuerpo y nos condena a parar, respirar profundo y pensar en lo que se está sintiendo con ese trago amargo de humanidad, antes de abismarnos en el garabato de una firma —Caravaggio— serpenteando en un chorreón de sangre inocente, donde chapotean nuestras ansias, a veces tan banales, y nuestras certezas, a veces tan halagadoramente mentirosas. Pero no es verdad y reconoce que es la pura emoción del recuerdo lo que le lleva no a mentir, sino a no ser exacto. El de Malta es, quizás, el más emotivo diálogo espiritual que ha tenido con su pintor, con un creador que quisiera confiarle sus secretos y que le ha revelado tantas cosas, pero ha habido otros momentos especiales. Porque ha vivido esos otros momentos especiales con la misma intensidad y convicción, esos momentos en que uno está felizmente solo entre la multitud, solo ante uno mismo y su desasosiego, solo y desnudo ante uno mismo y su conciencia; esos momentos que nos hacen más vulnerables y más persona; esos momentos, esos lugares de la memoria, ese fulgor seminal para el alma, para su alma, dice Trogal, laica y descreída. Y me cuenta, conmovido, que le ocurrió la primera vez que se puso ante el *Guernica*, o cuando le temblaron las piernas mirando la «leona herida» en el British; o con la explosión de gozo y armonías que padeció con inmensa alegría contemplando el esplendor cromático de las *Ninfeas* de Monet en París y Nueva York; o el asombro que le hizo sumergirse en el silencio y en el misterio de la lírica más honda delante de los primeros sin título de Rothko, o las lágrimas incontenibles frente a los frisos del templo de Zeus en Olimpia... y la emoción sin límites que nos reventó el pecho en la capilla Contarelli, Roma, otra vez Caravaggio.

Admirable, inquietante, cautivador. Ese es Caravaggio hoy. Es el hombre que, a cuerpo limpio, hace frente a todas las estructuras de poder con todas sus consecuencias, el poder que legisla sobre sus actos, el poder que mantiene a su persona, el poder que le permite desarrollar su genio, pero siempre libre de tomar la decisión final, atento siempre a las derivas de su talento y sus sentidos, nunca a las convenciones sociales, las razones de la política o el público reconocimiento que buscó furiosamente como celebración de su ingenio y su trabajo, pero no como esclavitud de la adulación o la codicia que lo hubiera rebajado a la ostentación, la conveniencia y el servilismo. En su duelo permanente contra la adversidad asume así su propio destino, cualquiera que sea, el que le impulsa, al que sigue y obedece, porque forma parte de él mismo y de su obra. Tahúr, aventurero, poeta, perseguido, desterrado, marginal, renovador transgresor de la pintura, la vida y el acto creador son para él tan inseparables que termina convirtiéndose en personaje de sus propios cuadros: derrotado gigante, incrédulo observador, lúcido testigo de su propio dolor, vivido, reinventado, dibujado.

No sólo es moderno, es nuestro contemporáneo. Se suele denominar «tenebrista» ese arte que él inventó y que otros, después, desarrollaron, gloriosamente también, pero es la luz la que protagoniza sus obras, la luz como revelación, como verdad, como testigo, una luz inquietante e implacable que arroja un soplo dolorosamente humano sobre la materia pictórica, que no es otra que la quebrantada condición humana, prefigurada en escenas corrientes, en sucesos milagrosos despojados de misterio, en escuálidos santos de lacerante desnudez, mujeres inclinadas en una armoniosa melancolía, muertes, martirios, sufrimiento, imagen de una sociedad demoledora, de pocos principios y derechos sólo para el más fuerte, de hipocresía y grandes negocios que nos tiene que recordar necesariamente la nuestra. Todo ese dolor, toda esa furia, toda esa piedad con la que alumbra y desenmascara las atrocidades del poderoso sobre el desvalido, no hace olvidar la sonrisa de un niño que pisa la cabeza de una serpiente, la dulzura de algunos tránsitos y la dignidad de los retratos. Como tampoco dejamos de estremecernos con el teatro de atrocidades que nos invita a contemplar para, asomados a ese vértigo, reconocernos en ese ritual de gestos, miradas, complicidades, prodigios, extender la mirada sobre ese nombre trazado en un turbión de sangre, reflexionar sobre nosotros mismos, nuestras cargas, nuestro destino, para emerger de esa catarsis con una conciencia nueva, santificados por haber sido tocados por la gracia de la luz, haber surcado la noche del alma, y tocar la verdad herida y el fulgor profundo de unas miradas y unas penumbras que son las de nuestro propio corazón desorientado, ansioso de verdad y de belleza, Keats, Isadora, Camus, Unamuno...

Algo de todo esto es Caravaggio, mi fascinación, mi amor, mi búsqueda. Y está en cada una de las páginas de la obra. Ahora juzga tú mismo si es oportuno o si vale le pena reeditar este libro. Estas son algunas de las razones que Trogal me da y que yo he considerado para volver a ver el libro de nuevo en la calle. Si, además, he de concluir yo, llegaran a ser las razones de muchos lectores, daría igual que en el año 2012 se hubiera acabado, según vaticinaba el calendario maya, el mundo. Reactivados por ese hálito vital que Caravaggio nos alienta, y los que, como él, iluminan nuestro camino, volveríamos a levantarlo, y, probablemente, con más sentido, respeto y amor, porque seríamos personas nuevas, diferentes, definitivamente ganadas por la gracia de la verdad y la belleza.

Creador absoluto y criatura de su propio universo imaginado, Caravaggio se nos aparece como un pensador natural y vitalista que no reflexiona sino que experimenta la existencia como un teatro de sombras que luego representa en sus lienzos, para quien el mundo exterior no es más que un escenario donde arriesgar el pellejo por defender su orden de valores, y que decide, en última instancia, y un poco a la manera de los antihéroes de John Ford, que va donde su conciencia le manda y eso le deja solo frente al mundo; pero esa es la obra que quiere interpretar. Y de todo eso es de lo que quería hablar el joven Trogal en su obra. Y todo eso, argucia y meditación, figuraciones y arrepentimientos, realidad y representación, coraje y humanidad, lealtad y subversión, furia y amor...

sigue presente en nosotros, o debería, para no permanecer mudos y pasivos, tibios y acomodados ante el mundo que se desmorona ante nuestros ojos, en una ordalía de bienestar anestesiante, tripas llenas y sonrisas bobas, sino reaccionar vivamente y luchar, cada cual desde su propia trinchera y con sus propios medios contra esta sociedad de codicia que ha borrado espíritu, dignidad y libertad del aire que respiramos, simplemente porque no cotizan en bolsa; y que ha hecho del ser humano, devaluado por la mansedumbre y narcotizado por una política al único servicio de la hipocresía que hace caja, un siervo cuya única finalidad es la de incrementar con su miseria, física y espiritual, los indecentes beneficios de los grandes ejecutivos financieros que gobiernan hoy el mundo.

Pero hablemos de literatura y sigamos el rastro de los poetas, que ya nos convocan a la emoción y la rebeldía...

ENRIQUE TROGAL

Personajes:

(Por orden de aparición)

Il Caravaggio
Orazio
Baglione
Un cardenal
Una gitana
Un palafrenero
Un oficial del Santo Oficio
Ranuccio
Flavio
Pasqualone
Gerolamo

Las apariciones: dos caballeros de la Orden de Malta
Un joven
Camillo Borghese (Paulo V)

Tres vagabundos
Un comediante
Un mensajero
Soldados
Una prostituta
Un carcelero
Unos cómicos
Un pordiosero

PRIMERA PARTE

1. LAS MIGAJAS DE LA ETERNIDAD

Una callejuela sombría.

Bajan dos figuras. Orazio sostiene y arrastra a Caravaggio, que avanza colgado del criado, borracho o herido, o ambas cosas. La fatiga les hace caer; Orazio se retira a dormir en la sombra de un rincón. Caravaggio queda tirado sobre el empedrado. Sale Baglione y se acerca a Caravaggio, mirándolo con incredulidad, estupor y un poco de secreto regocijo.

BAGLIONE.– Pobre y altivo llegó a Roma, como tantos otros, a buscar fortuna; mas la prosperidad anduvo esquiva. La adversidad se mostró más pródiga, sin embargo; y ahora vedlo aquí: pobre y altivo, acogido al provecho de una callejuela miserable. Son tristes estos tiempos que vivimos, no hay fe, por más que se empeñen los del Concilio, no hay lealtad a nada, todo se negocia, se compra, se acalla... Sujetamos los despojos de un mundo que no hemos conocido, que nos deja un legado de sombras perfectas y ruinas intactas que debemos amar sin apenas comprender. Vivimos una ficción porque todo se derrumba a nuestro lado, arquitecturas del pensamiento, modales del corazón, arrogancia de pinceles y hasta el tronar de los cañones. Y Roma, querido amigo, es el más suntuoso teatro de Europa: guiño de sibila cortesana y traición de mármoles refulgentes, reverencias de proscenio, locuras ordenadas y puñales callados atentos a la señal de una polifónica turba de voces concertadas. Y todo sigue su curso, como el Tíber, que borra la sangre de tantos crímenes, con su rumorosa espuma de historia. Y todo mantiene su jerarquía, a pesar de las formas y los desmayos. ¿Por qué obstinarse en conmover lo inamovible...? Lo has tenido todo en la mano y has preferido jugar al necio atormentado. Tienes talento, aprendiste pronto a olvidar tus mediocres maestros; tus cuadros son buenos, deleitan el gusto con su perfección y sus imitaciones excelentes. Eras tú el maestro de este tiempo. Has tocado la gloria y la opulencia, y lo has despreciado todo. Ahora, ¿qué tienes, con qué te has quedado? ¿Temías acaso nuestro odio insignificante? ¿O es que Roma era poca cosa para ti? No te envidio ni te compadezco. Cada hombre escoge su forma de locura o su destino; y los dos hemos elegido. Pero Roma nos quiere a los dos. Buonarotti no hará olvidar a tu amado Rafael. La Curia es muy grande, los patricios todavía poderosos... Yo no entiendo las complicaciones de tu ingenio, las sutilezas tan grandes de tus ásperas escenas, pero reconozco la fascinación de tus invenciones. Sin embargo, todo tu empeño, tus aspavientos de grandeza y tus difamaciones, no han conseguido menoscabar mi nombre y mi natural gloria.

Orazio, despierto, se ha acercado a Baglione.

ORAZIO.– ¡Socorredlo, señor, socorredlo! ¡Ayuda para mi amo! ¡Señor, socorredlo!

Baglione le da una moneda y se aleja calle arriba. El criado lanza al aire la moneda y se va, jubiloso, a gastarla. Pasa un cardenal; al ver a Caravaggio se acerca.

CARDENAL.– ¿Otra vez, hijo mío, tirado como un perro sin amo, apartado en agonía de pordiosero? No fue tu cuna la calle y no siempre fueron tan inmundos tapiales el amparo de tu lecho. Soy valedor de tu vida, pregonero de tu talento, silenciador de muchas murmuraciones e infamias que cerraban sobre ti como nubes oscuras de tormenta; te entregué beneficios, te he arrebatado a la miseria de tantos calabozos, para franquearte la puerta de los más ricos palacios romanos..., yo, yo que debería ser el más severo juez de tus desórdenes y tus violencias. Pero hay un misterio en ti, un fulgor de gracia cuando tus ojos se callan, que siempre me ha conmovido más. ¿Y qué se puede hacer por un hombre que se empeña, con bravura desconcertante, en ser desgraciado, como quien nunca termina de expiar una culpa? Porque no es un mal hombre este Merisi. Sus relaciones con Dios no son muy claras, jamás lo han sido, más bien turbias, incluso dudo mucho que existan..., pero no lo tiene a gala y no hace ostentación de tales tibiezas, ni finge credulidad ni miente una fe que no existe. Para él burlar a jueces rigurosos es gesto de ingenio, no de maldad. *(Orazio regresa. Se sienta, ignorando al cardenal, junto a Caravaggio, y se come unas frutas)*. Siempre has ido adelante y también saldrás de ésta. Aunque tu rostro lo desmiente, tu cuerpo está fuerte todavía: el sufrimiento endurece más que la vida. No conviene, sin embargo, tentar demasiado a la providencia. *(Le da a Orazio, con precavido disimulo, una bolsita)*. Muchacho, toma estas monedas y lleva a tu amo donde lo puedan curar. Cuando pasen unos días, llegaos a mi casa.

ORAZIO.– *(Asombrado, mirando la bolsita sin poder ocultar la codicia)*. ¡Gracias, Eminencia, gracias! *(Le besa las manos al cardenal con pegajosa insistencia)*. Mi amo os agradecerá muy bien lo que habéis hecho por él. ¡Gracias, deslumbrante señoría!

CARDENAL.– Basta, muchacho; déjame. Ya es suficiente gratitud. ¡Vamos, vamos! Debes ayudar a tu señor.

El cardenal sigue su camino y se va. Orazio se enreda en reverencias hasta que lo ve desaparecer. El cardenal se cruza con una gitana que baja arrastrando un fardo. Se detiene y contempla los canturreos de Orazio. Se aproxima lentamente. Al advertir su llegada, Orazio se pone serio y en guardia.

ORAZIO.– Esta bruja ha oído retiñir mis monedas y quiere quitármelas. Tomaré la espada de mi amo. *(Lo que queda de la espada es la mitad)*. No me cogerá desprevenido.

GITANA.– *(Con estudiada afectación).* ¡Estigmas de San Miguel! Y que un caballero de tanto renombre se vea abatido por tierra como un truhán. ¡Justicia divina! *(Repentino tono mundano).* ¿Está muerto el caballero?

ORAZIO.– ¡Detente, bribona! ¿Qué pretendes? Mi amo no está muerto, sólo duerme donde le place. Y si le despiertas te molerá a palos.

GITANA.– ¡Oh, está herido, el pobre, tiene fiebres...! *(Sin prestar atención al criado, se pone a hurgar en su fardo).* Yo conozco alguna de esas artes de remediar dolores...

ORAZIO.– Quieta, mensajera de los perros, no pongas tus manos sobre mi amo. Vete de aquí o llamaré a la ronda y les diré que tú le diste las puñaladas. Te quemarán, arrojarán tus cenizas al río.

GITANA.– No, no, muchacho; no hagas eso. ¿Qué mal os hice? Yo no pretendo haceros daño. Os diré la buenaventura, os contaré la gloria que os aguarda a ti y a tu amo.

ORAZIO.– ¡Bah, gitana! Embustes y trapacerías de tu raza. Si no te vas pronto...

GITANA.– *(Con la misma afectación inicial).* ¡Luz de todas las potencias del purgatorio! Déjame mirar al caballero más grande de Roma, el famoso..., el famoso...

ORAZIO.– Vieja, me estás cansando con tus trucos. Te verás en un grave problema con la justicia o tus ungüentos lunares si soy yo el que te corta la lengua con la espada de mi amo.

GITANA.– *(Con mucho teatro de aspavientos, genuflexiones y aprendidos movimientos en torno a un Orazio pasmado, para terminar con ligereza y cierta natu-*

ralidad). ¡Silencio, silencio! Calla, insensato; no pretendas amarrar la luz de mi ciencia, las alas de mi lengua... Tu amo no está muerto, lo veo luchar en dura contienda, pero está despertando, viene, se acerca. No, no está muerto, porque esta no es su hora ni la hora de su gloria, que ya no tardará, que ya no tardará... Estará una noche abandonado en un extraño lugar, rodeado de extranjeros, desconocidos, y no habrá luz sobre el mundo, ni viento en las olas, ni velas en la playa donde todo le será arrebatado. Y vendrá de lejos el mar, o bajará de lo alto y lo verá recogido a sus pies. Esa será la señal que esperó, la respuesta que habrá estado buscando, la respuesta que no dejará de esperar...

La gitana se marcha con lentitud arrastrando su fardo. Orazio se ha quedado inmóvil. Comienza a reaccionar al oír acercarse el resonar de unos pasos. Sale un palafrenero, pero pasa de largo. Orazio va detrás y lo detiene.

ORAZIO.– Por favor, señor, amigo, necesitamos ayuda. Mi amo está herido...

PALAFRENERO.– Y yo, ¿qué puedo hacer por el caballero?

ORAZIO.– Es preciso que lo vea un médico.

PALAFRENERO.– Conozco a uno que vive aquí cerca. ¿Qué os ocurrió?

ORAZIO.– *(Mientras se acercan a Caravaggio).* Señor, un mal tropiezo con unos salteadores, mercenarios alemanes, esa peste, ya sabéis, que baja del norte para servir al emperador y ponen desmanes en su nombre por toda la cristiandad.

Se inclinan para recoger el cuerpo de Caravaggio, incorporarlo y llevárselo.

PALAFRENERO.– Roma es una ciudad vendida y poco segura, digan lo que digan los pontífices, que son... *(Reconoce a Caravaggio).* Muchacho, ¿no es este hombre el que pintaba hace unos meses en San Luis de los Franceses? *(Suelta a Caravaggio, que queda en el suelo otra vez).* Amigo, yo no he visto nada y no sé quién es este hombre. No quiero problemas con la justicia. Su arresto se pregona por toda la ciudad.

ORAZIO.– No me dejes así, socórrenos; te pagaremos bien. Tengo dinero... *(Buscando la bolsa).* Un príncipe de la iglesia, protector de mi amo... me dio *(sigue buscando, con creciente ansiedad)* una bolsa de monedas para remediar a mi señor. ¡Mi dinero!

PALAFRENERO.– Su arresto se pregona por toda la ciudad. Olvídame, muchacho; no quiero ir preso con vosotros.

ORAZIO.– ¡Mi dinero! ¡La maldita bruja me lo ha robado! ¡Justicia! ¡A mí, la guardia!

Orazio corre en persecución de la gitana. El palafrenero, apurado, huye en dirección contraria. Caravaggio se agita, como despertando de un mal sueño. Intenta incorporarse con grandes esfuerzos.

CARAVAGGIO.– ¡Orazio, Orazio! Mala peste te coma, hijo de puta. ¿Dónde estará metido? No puedo moverme, me estoy desangrando, y ese bastardo persiguiendo jovencitos por el Tíber. ¡Orazio, mal nacido! ¿Pretendes que la policía me lleve a pudrirme en un sucio calabozo? ¡Ven aquí...! *(Tose violentamente, gime y se retuerce; se arrastra fatigosamente hacia una pared).* Roma, Roma, mírame, ¿todavía no te has hartado de maltratarme, aún no te has olvidado de mí? Te entregué la miseria, mi hambre, ¿recuerdas?, mi juventud, mi vida, mi genio..., todo, todo te lo di; esperaba tu recompensa. La diosa Roma nos parecía tan generosa, cuántas cosas nos prometió su esplendor, su gloria interminable henchía nuestros ojos como el viento las velas de un navío..., y me importaba un carajo a qué puerto me fueras a traer: no era esperar tanto pedir unas migajas de tu eternidad... ¿Y qué he recibido? Desdenes, pleitos y puñaladas. No, no me quejo, ¿qué te podría reprochar? *(Agarrándose a las piedras de la pared se levanta y, apoyándose en ella, intenta mantenerse en pie).* Me divierte el juego, el riesgo me estimula, amo la apuesta y la espada igual que los rufianes de los martirios que compongo. Pero no me recuerdes ahora, cierra tus ojos sobre mí y dame sólo esto que te pido: la mugrienta sombra de esa esquina, ese agujero inmundo en el más inmundo de tus callejones para que reviente en silencio, para reventar o que los perros cierren con su lengua mis heridas calladamente, y resucite de este sepulcro de tiniebla y miseria..., a seguir escupiéndote, loba insaciable. ¡Orazio! *(Se derrumba).* ¡Orazio!, ayúdame a llegar a este agujero y su hedor abyecto será el aire de mi coraje. *(Se arrastra muy lentamente hacia un rincón en penumbra donde esconderse, viéndose solo).* Roma, Roma, escorial de la esperanza de todos los malditos vividores que a ti llegamos y nos cobijas. Nos llenas los ojos de oro, triunfos y palacios, y después nos tiras a un lado, arrastrados detrás de la púrpura de los sayones cardenalicios. ¡Qué inmenso pudridero! Donde todo lo finge el talento, donde todo lo consigue el dinero. Afortunado tiempo sin delito, era dichosa de virtud: si no te jactas del pecado, el pecado no existe; la apariencia es la verdad, y la realidad una belleza indigna. Todo es noble y grandioso, como el poder ilimitado de los estrategas de Dios y la espada de sus generales. Y las falacias del dogma, los esplendores de su ceremonia y la cristianísima fe, que levanta las bóvedas más altas y dilapida las haciendas de Dios para gloria de sus príncipes, son la luz del mundo y la ley de la razón. Pues un hombre no puede morir si no es asesinado por un santo tribunal, si la justicia de los cielos no prolonga su agonía, si no llena de infamia su espíritu y su libertad; si su muerte no es escenificada como una pública afrenta para que sirva de ejemplo a los santos varones, para que sirva de piadoso temor a las rectas conciencias... *(antes de sumirse en la penumbra de su escondrijo, se detiene, se yergue en un último esfuerzo y escupe su desprecio).* ¡Maldito siglo de mierda!

Cae extenuado, queda tendido. Oscuro rapidísimo.

2. Conversación en Campo dei Fiori

Plaza de Campo dei Fiori.

Inmediatamente, en el centro de la escena cae un chorro de luz vertical sobre una pira ardiendo, en cuya cima yace un hombre atado a un poste; y resuena por todo el espacio la «Tocata para metales» que abre el Orfeo de Monteverdi. Sombras y débil rumor de muchedumbre. Dos figuras presentes contemplan la ejecución, andan de un lado para otro con advertida tranquilidad, y se controlan recíprocamente en sus movimientos. Son Caravaggio y un oficial del Santo Oficio. La luz va definiendo la espaciosidad de la plaza, iluminando poco a poco todo el ámbito de la escena. Acabada la Tocata, Caravaggio hace ademán de irse; el oficial le sale al paso.

Oficial.– Abandonáis con mucha prisa el Campo de las Flores, caballero.

Caravaggio.– Tengo obligaciones que cumplir, señor. Trabajo en un lienzo muy grande y en la pintura son muchos los problemas que hay que resolver.

Oficial.– ¿Tal vez os disgusta el espectáculo?

CARAVAGGIO.– No son distracciones lo que faltan en Roma. Algunas son de un género poco grato y todas de muy dudoso gusto.

OFICIAL.– Os comprendo muy bien, son exigencias de artista. La calidad de una representación magnifica sus enseñanzas.

CARAVAGGIO.– También yo os comprendo. Pero, señor, no son veleidades de artista. La muerte de un sabio no es un espectáculo.

OFICIAL.– Acaso la muerte de algunos hombres no sea deseable. Sin embargo, ¿qué mayor bien puede desear un asesino que salvar su fe, su alma?

CARAVAGGIO.– Vivir, señor. Vivir en paz esta podrida vida si ello fuera posible.

OFICIAL.– Esos no son asuntos de mi incumbencia. Yo ¿qué podría decir de tales súbditos? Es Dios quien nos habla; es Dios quien reclama pureza cuando se le ofende, cuando se desprecia su santa ley.

CARAVAGGIO.– ¿Queréis decir que es su inmensa bondad la que exige destruir a los seres humanos?

OFICIAL.– Devolverles la paz y ofrecerles la eternidad de los justos lo exige. Cuando un hombre es liberado de la soberbia y el error que lo poseen, su muerte es su resurrección. Ese es el júbilo de Dios.

CARAVAGGIO.– Visto desde fuera, el júbilo de Dios es un poco fúnebre, ¿no os parece? Es más notorio el alivio de sus cortesanos.

OFICIAL.– La destrucción de un hereje es la mayor alabanza a Dios.

CARAVAGGIO.– Y la más despreciable victoria de sus verdugos.

OFICIAL.– ¿Acaso no es la herejía la ponzoña más vil que agobia nuestra comunidad?

CARAVAGGIO.– La herejía es una convicción diferente, una fe distinta, los principios de un orden nuevo; tal vez una nueva esperanza para un mundo sin esperanza, tal vez una libertad razonable para un hombre harto de dogmas y decretos. ¿Habéis olvidado lo que era un cristiano en la Roma del divino Augusto?

Entran dos soldados y una prostituta ruidosamente, hablando en voz alta y riendo. Se acercan a la pira y la contemplan muy divertidos, entre las risas de la mujer y el contento de los hombres que no paran de beber y manosearla.

CARAVAGGIO.– Una diversión callejera, unos soldados, una puta... Un mártir en su suplicio, una mujer que se gana la vida, unos legionarios, cadáveres anónimos de cualquier frontera, disfrutando de ella, sin recato, en la propia calle, toda la chusma que viene y va despreocupadamente... Estamos en la misma ciudad. Hace poco tiempo que deploramos los funerales del glorioso hijo de César.

Ambos miran a los soldados y la mujer hasta que se marchan, con el mismo alboroto con que entraron en la plaza.

OFICIAL.– Algo habrá cambiado desde entonces.

CARAVAGGIO.– Es evidente. El poder cambió de manos, y los que ayer eran asesinados son hoy los que matan.

OFICIAL.– Pero el orden...

CARAVAGGIO.– Argucias del Concilio, atropellos a la libertad... ¿Quién teme a los herejes realmente? Además, sabéis como yo que no es herejía lo que se quema en estas hogueras. Es la conciencia libre, el pensamiento rebelde, la razón y el conocimiento, leyes para acabar con la ignorancia y el temor...

OFICIAL.– Y con la fe y con el orden del mundo. *(Agarra a Caravaggio de un brazo y lo empuja junto a la pira).* ¡Contemplad, contemplad lo que queda de la rebeldía de la razón! *(Caravaggio se resiste, reprime un gesto de asco, aparta la cabeza, pero el oficial lo retiene allí mientras le habla).* ¿A unos huecos jirones de piel que ya se comen las llamas es a lo que habéis llamado libertad de conciencia? ¿Este hedor acre y desagradable de la carne corrupta es lo que queda de vuestro libre pensamiento? ¿En humo y pestilencia quedan resumidas altivas leyes? ¡Qué prodigiosos elementos, en verdad, para fundamentar la esperanza de los hombres! ¿Decís que este carbón desmoronado fue un hombre?

CARAVAGGIO.– *(Consigue separarse del oficial y se aparta de la pira).* ¡Digo que este hombre es Giordano Bruno y que su muerte es un tributo de la fuerza y la superstición, pero nunca un fracaso del pensamiento y la libertad! Se le tuvo que asesinar porque su verdad era irreductible.

OFICIAL.– Os equivocáis. El tribunal de la iglesia determinó que la verdad no estaba con él y su veredicto...

CARAVAGGIO.– Una farsa de hechiceros. Tuvieron que asesinarle para evitar el oprobio de verse manchados por la grandeza de aquel espíritu que no podían avasallar. Temieron quedar confusos y verse descubiertos...

OFICIAL.– ¿Temieron, señor?

CARAVAGGIO.– Quien teme la verdad, teme a quien la dice. Y como no lo pudieron sojuzgar tuvieron que asesinarlo, invocando a Dios y su santa disciplina, para seguir disfrutando los privilegios del poder y los dineros de la cristiandad. La verdad y la fe, el dogma y todas esas cosas no son de preocuparse; si acaso es pretexto para concilios, retórica para ilustrar los ocios de obispos desocupados. Tuvieron que asesinarlo, señor, porque los jueces de Dios y los príncipes de su iglesia deben seguir siendo, para preservar el universo entero de desórdenes y excesos, los administradores de la conciencia y el cristiano pueblo, sembrando ignorancia y temor para que nada cambie.

OFICIAL.– Las humaredas luteranas llegan a todas partes, intoxican las mentes...

CARAVAGGIO.– Os equivocáis completamente si pensáis eso de mí. Tal vez haya herido a alguno, o me haya emborrachado en su compañía: asunto de apuestas, deudas de juego, no temas de fe. No frecuento a reformados, ni luteranos ni católicos; los dos son igual de peligrosos, el mismo miedo me dan, con idéntico placer los evito.

OFICIAL.– Vuestro descreimiento es notable.

CARAVAGGIO.– Igual que mis convicciones. Ellas ponen siempre causa al crimen teológico, irrespetuoso y solemne. Hoy ha sido condenado el señor Bruno, igual que ayer fue asesinado Jesucristo, que Dios tendrá en su gloria, supongo...

OFICIAL.– Blasfemáis...

CARAVAGGIO.– No, no. Es que no podemos negar la evidencia de los tiempos. En esa hoguera estaría

Cristo, si tuviera la mala idea de volver por aquí, por sostener ideas peligrosas, contrarias al Concilio, por soliviantar al pueblo llano y condenar los excesos del poder y sus bastardos privilegios. El propio pontífice encendería con sus manos el fuego: cuestión de competencias, el evangelio no le interesa.

OFICIAL.– Nunca escuché invención tan disparatada, razonamiento tan expuesto, ni una acumulación tal de peligrosos argumentos. Vos podéis dudar cuanto queráis, pues nunca os falta valedor suficiente. Pero no paséis más allá de lo tolerable, vuestra altivez sin medida puede traeros conflictos. Hablo de vuestra seguridad.

CARAVAGGIO.– ¿De mi seguridad o de vuestra paciencia?

OFICIAL.– La mía es corta, la de Dios es muy grande.

CARAVAGGIO.– Ya se ve; su olfato también.

OFICIAL.– ¿Qué pretendéis decir?

CARAVAGGIO.– Cautela, su paciencia y su olfato son como el vuestro. Os resulta más intolerable el hedor de la carne abrasada de un hombre íntegro que el de uno relajado. Mas cualquier clase de hedor se acomoda a los intereses no confesados de vuestra autoridad.

OFICIAL.– La muerte de cualquier hombre puede ser ejemplar si...

CARAVAGGIO.– Formuláis mal la afirmación, señor. Este hombre es ejemplar con su muerte, eso es lo que os alerta. Pero el fuego no purifica, y morir sobre un montón de leños ante el regocijo de la muchedumbre indiferente no es una muerte honrosa, ni una representación de calidad. La agonía no es una ficción; el dolor no es un gesto ensayado; la sangre que se derrama jamás deja harto al populacho y no hace germinar las piedras sobre las que se reseca. Por esos ojos sepultados bajo cenizas y tizones nos ha de faltar luz; esa voz que se rompe nos pone otra vez a la orilla de un océano tenebroso, nos deja en la custodia del miedo. Cuando una vida…, cuando una vida es malgastada por…, por… la fuerza, la claridad del día es una mentira que nos envilece a todos. No, no son frivolidades de artista. Son exigencias de sentido común, si lo queréis saber, dudas sobre lo humano y su incierto proceder, cuestión de dignidad. No, señor, la muerte de un hombre no es un espectáculo que nos honre, y tampoco nos llena de libertad. Sobre todo cuando la sentencia es dudosa, sobre todo cuando la justicia se ve tan burlada, sobre todo cuando no se ignora lo que hay detrás de un asesinato que nos oprime y nos doblega.

OFICIAL.– ¡Basta, basta, basta; ya es suficiente! La prudencia es una virtud que no parecéis apreciar, o algún explicable desatino ha cruzado por vuestra mente. Ciego no sois, y estúpido en modo alguno. Sabéis de sobra quién soy y lo que represento. Señor Miguel Ángel Merisi, sed más cuidadoso, no confundáis el valor con la insensatez; señor Caravaggio, para evitar que os tomen por cobarde, no os pongáis innecesariamente en peligro por temerario. Sois muy conocido en Roma, acaso demasiado, y eso es poco conveniente si mañana un acontecimiento imprevisto hace cambiar el rumbo de las cosas y la suerte. Vuestro arte es de mucho mérito, habéis pintado de forma portentosa jóvenes muy hermosos y santos muy alabados. Eso os protege. Toda Roma sabe quién vela por el caballero Caravaggio, que nunca escucha la misa, que sólo utiliza a su concubina para golpearla cuando está borracho, siempre envuelto en violencias y escándalos; toda Roma sabe cómo escapa de procesos, deudas y calabozos. Pero no os confiéis. Un día puede faltaros un cardenal a vuestro lado, o un embajador influyente... ¿y qué haréis entonces? ¿Huir de Roma? ¿Venir al Campo de las Flores? ¿Invocar la razón y la justicia? ¿Explicar un trastorno de los sentidos que os puso en manos del demonio que os guía?

CARAVAGGIO.– Tenéis razón en todo y por eso no me confío a la suerte. Muchos saben que no soy cobarde, que mi insensatez es encubierta como vos lo habéis dicho. Soy trapacero y alborotador, es cierto, borracho y temerario; pero no me confío a la suerte, voy siempre bien protegido. Un día me puede faltar un cardenal, un embajador, Roma entera, la cristiandad toda, pero nunca me abandonará mi espada; eso jamás.

OFICIAL.– Bien se dice que sois agresivo y violento, altivo, soberbio...

CARAVAGGIO.– Precavido, señor; nada más que precavido. Esta no es una ciudad segura. Entras libre y puedes salir fugitivo, preso o muerto.

OFICIAL.– Sólo quien no lleva la conciencia tranquila tiene algo que temer en Roma.

CARAVAGGIO.– La tranquilidad de conciencia no es un salvoconducto, señor oficial; no es un beneficio que se gane o un privilegio otorgado, no es ningún título que se pueda comprar. Tener la conciencia tranquila es amar la vida, un coraje que muy pocos conocen; es una epidemia que no prospera, pues los cirujanos son rápidos y expertos, y saben no dejar rastro. Tener la conciencia tranquila es no tener miedo a morir, eso tan viejo, preferir el fuego antes que ceder al chantaje, al silencio, a la mentira. Pero ¿a quién no le aterroriza la muerte?

OFICIAL.– Un piadoso temor.

CARAVAGGIO.– O un engaño supremo. Un santo temor no justifica una muerte innoble.

OFICIAL.– ¿Pero, qué teme perder un hombre recto?

CARAVAGGIO.– Todo. La vida. Si un hombre justo ha ganado algún dinero con su esfuerzo los salteadores le roban la bolsa y después, para que no los denuncie, lo asesinan. Si un hombre eminente, que estudia y medita, ha compuesto un tratado lo asaltan los teólogos, le enturbiarán el pensamiento, le negarán la conciencia, se lo arrebatarán todo para evitarle trastornos al mundo y luego lo asesinarán, con toda la legalidad que sea necesaria, para que ellos sigan teniendo razón y la única verdad posible. Para que nadie dude de una fe tan robusta, ni de tan excelsas leyes morales, para que nadie carezca de salvación; para que ningún hombre se vea envuelto en un engorroso conflicto del espíritu y no cultive incómodos problemas de conciencia, para que no alimente el orgullo de sentir un impuro deseo por conocer lo nuevo. Para que todo siga igual, porque Dios no importa demasiado, los jerarcas, desde los relucientes tronos que no quieren perder, ya se cuidan de que la iglesia siga sosteniendo el orden, el cielo y el giro de los planetas al dictado de sus valores supremos, que quisieran eternos, intocables.

OFICIAL.– Es tanta vuestra soberbia que os impide aceptar la verdad. Dios protege a los hombres honrados.

CARAVAGGIO.– ¿Entregándolos a los tribunales de su iglesia? Dios tiene mejores valedores que yo.

OFICIAL.– Qué lejos estáis de la verdad, que es tan sencilla. Dios es el principio de la vida, el fin supremo de todo. Dios es la verdad.

CARAVAGGIO.– ¿Desde cuándo el Santo Oficio ha necesitado recurrir a tan altos pretextos para legitimar sus fechorías?

OFICIAL.– ¡Caballero, no puedo tolerar...!

CARAVAGGIO.– Permitidle, señor, esta última desvergüenza a un condenado irremisible. Estamos en Roma y no sé de qué hablamos. Tampoco recuerdo que la corte pontifica haya necesitado apelar a san Miguel y sus ángeles guerreros para justificar sus escándalos, exacciones y despilfarros, humanos o financieros. Y si falla la diplomacia o no triunfa la conspiración, se busca más dinero, o los ejecutores más preparados, con menos escrúpulos, espías, complots, tratados oportunos, alianzas convenientes... Y si el mismísimo emperador, el propio césar Carlos, derrota y humilla al Santo Pontífice como a un vasallo soberbio, no importa, no importa; hay que adaptarse a las circunstancias, transigir, ceder un poco de orgullo para conservar algo de poder, esperar tiempos mejores, perder dignidad a cambio de mantener algún prestigio. Al fin todo se negocia, todo es negociable. Se comercia, y hay quien dice que hasta se hizo en el Concilio, con los valores de la fe, con los intereses del dogma, la verdad puesta en letras de cambio, rentable como un capital bien invertido. La bancarrota nunca será posible, aunque toda Europa sucumba; Dios estará siempre entre los oros de los altares, en la penumbra de los templos y en los despachos de la Curia, dispuesto a justificar todo negocio, a cambiar el agua en vino, todo lucro ilegítimo en santo provecho; dispuesto a olvidar todo cristiano crimen, decidido a inspirar justicia contra todo aquel obsceno orgullo que se atreva a ponerse enfrente.

OFICIAL.– Os estoy escuchando incrédulo. ¿Vuestra osadía no tiene límite? ¿No le tenéis miedo a nada?

CARAVAGGIO.– A pocas cosas, y eso porque sé que no soy inmortal. Le temo a esos inmundos vinos con que algunos taberneros nos envenenan el alma, y a una mala estocada.

OFICIAL.– Vuestra falta de respeto es la impostura más irresponsable que jamás vieron mis ojos. Todas esas grandes palabras, esos generosos pensamientos, toda esa noble indignación, no son más que la máscara de un violento insociable, de un libertino irreverente, de un blasfemo protegido por su propia locura y su talento de artista, por la consentida debilidad de un mecenas que os da de comer cuando debiera perseguiros. No hay justicia sobre la tierra si un día no es castigado tanto atrevimiento.

CARAVAGGIO.– ¿Por qué, señor? No hago mal a nadie. Yo no levanto mi espada contra el emperador ni contra el pontífice, no difundo libelos infamatorios ni acostumbro hacer delaciones. No tengo trato con reformados y no conozco hereje alguno. Pinto escenas piadosas para las iglesias o los patricios enriquecidos, y mis pinceles no son artillería de turcos ni oratoria luterana. Yo elijo a mis amigos, que son la hez de la soldadesca y el desperdicio romano, y con ellos disfruto la bajeza, honro lo innoble y enaltezco lo desechado por las brumas aristócratas; con ellos me emborracho, discuto, riño por apuestas de juego y, a veces, cruzamos las espadas, bruñimos los aceros con un poco de sangre nuestra, nos saltamos un ojo, nos adornamos con una soberbia cicatriz..., luego lo olvidamos todo y seguimos la borrachera, arrasamos un lupanar, arrojamos unas cuantas putas por las ventanas..., nada extraordinario, ya veis, nuestra mugre no alcanza la escalinata de San Pedro. Una vida sin historia, sin gloria. No hago a nadie mal y yo vivo satisfecho; no carezco de nada y lo que me falta yo mismo me lo procuro. No voy a misa porque no aprendí latín, así que le doy reposo a mi cuerpo; no discuto el dogma porque no me gusta perder el tiempo, de manera que prefiero emplear mi ingenio en pintar; no tengo ningún interés en polemizar la existencia de Dios o las controversias de las confesiones cristianas; no soy teólogo ni charlatán al servicio de la Curia y el poder, sino un lombardo bautizado. Mis prejuicios no llegan a más. Y si la iglesia brama contra las embestidas de la ciencia, a mí me da igual: se me paga por pintar, no por sostener la fe de unos pocos. Y si Copérnico le pega fuego al orden divino, sus razones tendrá. Y si el Santo Oficio les pega fuego a todos los copérnicos que pueda agarrar, lo siento, porque mi espada es poca cosa contra las legiones divinas y sus argumentos. Pero, por encima de todo, mi pensamiento es libre y me dice dónde está la verdad, mi verdad, y la justicia, y me dicta la estrategia que debo seguir para conservar la integridad de todo aquello en lo que creo, y toda la extensión de mi pellejo. No, no hago mal a nadie. ¿Por qué tendría que ser castigado?

OFICIAL.– Tenéis razón, Caravaggio, ¿por qué? Sólo acabáis de reconocer que sois altivo, temerario, violento, borracho, pecador convencido. No entráis en el templo, pero sí, gustosamente, en todos los infiernos de la ciudad; la fe cristiana no es más que un motivo de burla o de indiferencia, pero dais crédito a los disparates y fanfarrias de un canónigo polaco con reputación de peligroso y consideráis, con excesivo favor, a Giordano Bruno un gran hombre. Castigaros, ¿por qué? Si nada más os burláis de lo sagrado, si sólo despreciáis las jerarquías, acusáis a la Curia y al Santo Padre de todos los excesos terrenales y los más abominables crímenes. Total, vuestras querellas en los tribunales y los informes de la policía, que tanto os conoce y persigue, no son más que malévolo aparato de los envidiosos que sólo buscan arruinar vuestro nombre y vuestra fortuna... Toda Roma es una grandiosa inmundicia y vos el único ser virtuoso sobre el mundo. Los demás somos, ya lo veis, muñecos feroces, tan despreciables que no sabemos otra cosa que condenaros y exigir un severo castigo por tan exagerado montón de virtudes.

CARAVAGGIO.– Todos vuestros discursos acaban siempre en virtud. Será cosa del oficio, supongo; perdón, del Santo Oficio quiero decir. Pero debéis perdonarme porque no entienda tales sutilezas. Yo miro la realidad de otra forma, e incluso la pinto. Por lo demás, señor, soy un pobre ignorante, no tengo estudios de calidad, no sé latín, nunca leí a los escritores antiguos, mi educación es deficiente y callejera. Así que os pregunto: ¿En la vida sólo se puede ser virtuoso?

OFICIAL.– El buen cristiano, temeroso de Dios, debe serlo.

CARAVAGGIO.– Esclavo, pero virtuoso; galeote, pero virtuoso; virtuoso reo de muerte, virtuoso hambriento, indigente virtuoso; oprimido, explotado, animal de carga, pero virtuoso; perseguido, engañado, apaleado, desecho de calabozo, sinrazón de campo de batalla, pero muy virtuosos, muy temerosos de Dios. Así debe ser, porque con este cascote se obtiene el cimiento más sólido para los feudos de los cardenales, los únicos buenos cristianos que no temen a Dios. ¿Es que en la vida sólo hay, para los pobres, virtud?

OFICIAL.– La virtud es el mayor bien que puede un hombre...

CARAVAGGIO.– ¿Con virtud pensáis alimentar a un hombre que se muere de hambre? ¿Con virtud creéis poder limpiar a un apestado de su agonía? ¿Con virtud vais a cauterizar la duda, a desentrañar la injusticia de la virtud de los poderosos?

OFICIAL.– Sólo así ha dispuesto Dios la salvación de los hombres.

CARAVAGGIO.– ¿A golpes, a sangre y fuego? ¿Por la fuerza y el terror?

OFICIAL.– No.

CARAVAGGIO.– ¿Privándoles de todo, haciéndolos infelices? ¿Agobiándolos con el sufrimiento? ¿Robándoles la alegría y la esperanza?

OFICIAL.– No, no. Regalándoles su bondad, disponiéndolos al camino de la gloria.

CARAVAGGIO.– ¿Exigiendo en sacrificio la vida de los mejores? Qué triste camino hacia la gloria. Nuestro antiguo Júpiter era más amable que este Moloch sangriento que me estáis dibujando. Si para aplacar su ira es preciso inmolar vidas y pensamientos, verdades y esfuerzos, talento, derechos y energías, y todo a cambio de nada, falacias y mentiras, muchos hombres no querrán, razonablemente, salvarse por ese camino y a ese precio.

OFICIAL.– ¡Basta, basta, basta! Es tanta la indignación de escucharos, es tan grande la rabia que me produce vuestra impunidad y nuestra impotencia que sólo me contengo de sacar la espada porque sé que sería ese vuestro gusto.

CARAVAGGIO.– Pues marchaos y dejadme en paz. No me hacéis ningún favor. ¿Os pedí yo acaso licencia para conversar? ¿Pensáis tal vez que sois mi interlocutor ideal? No quiero pleito con el Santo Oficio, dejadme en paz seguir mi camino. A mí me incomoda tanto como a vos esto, y me aburre toda esa teocracia sin piedad, ese devocionario sin alma y todo ese milagrerío postizo.

OFICIAL.– Desde luego, me voy, sí, porque peligra mi cordura. Pero antes escuchad una última cosa: Dios ordena el universo igual que un emperador su dominios, y nosotros nos limitamos a servirle. El destino del hombre, su salvación y su condena, es patrimonio de su poder, y la tierra es su gloria y su trono inamovible. Y esto nadie lo puede cambiar.

CARAVAGGIO.– ¿Os burláis de mí, me tomáis por necio? ¿Un hombre de vuestra cultura y tan alta posición ignora que desde hace sesenta años la tierra gira, se mueve?

OFICIAL.– Absurdos, quimeras. No se ha demostrado nada.

CARAVAGGIO.– Se demostrará. A pesar de las hogueras, se demostrará.

OFICIAL.– La autoridad del Espíritu Santo está por encima de todas las hipótesis humanas.

CARAVAGGIO.– A pesar de las hogueras, señor oficial, a pesar de las hogueras. Las humaredas disipadas dejarán a nuestros ojos contemplar una verdad nueva, una voluntad sin cadenas.

OFICIAL.– No hay ninguna luz fuera de la fe. Espejismos, engaños. La Iglesia es el único refugio en esta tempestad de locura que destruye el mundo.

CARAVAGGIO.– Sí, sí; otras luces ordenarán la vida, darán otro esplendor al mundo y se levantarán de la tierra hacia el hombre. Tenéis miedo porque sabéis que es verdad, cada vez más verdad. Y no habrá fe que os valga, ni subterfugio ni desperdicio de santo, cuando la piedra se hunda en un cenagal de pestilencia y os arrastre su ruina incontenible. Por eso apresuráis vuestra rapiña, aprestáis la ofensiva para el despojo, vais afilando los conceptos como dagas, levantáis las tramoyas adecuadas porque cuesta poco conmover y dejar a las muchedumbres sobrecogidas con unos cuantos trucos, acumuláis lo que podéis y destruís lo que os estorba. O salvación o la hoguera, he ahí el pacto con que la Santa Madre arrincona y advierte a sus desencantados hijos. ¿Qué podréis predicar mañana? Por un hombre honesto que vive por su idea y sin cruz no serán excusados los ardores fingidos de los servidores de Dios, que mienten pues son su carceleros, y ya no hay máscara que oculte tanto escándalo. Porque la tierra no es su trono, sino su calabozo. Dios morirá entre los muros del Vaticano.

OFICIAL.– Paciencia de todos los justos. Ya sé por qué el diligente y piadoso cardenal Bellarmino no os ha quemado todavía. No es necesario: vuestra condena no se puede reducir ni prolongar. Estáis completamente loco.

CARAVAGGIO.– Podéis pensar como gustéis. Pero hacedme caso: Dios empezó a morir entre los muros del Vaticano el día en que su trono... comenzó a girar.

OFICIAL.– *De Revolutionibus Orbium Coelestium.* El ornato de la iglesia católica, nuestro muy querido Nicolás Copérnico era un espíritu extravagante, y su teoría un peligro para las mentes imaginativas, un peligro que se descubrió tarde.

CARAVAGGIO.– Alguien demostrará pronto que su teoría no es una curiosidad del ocio, ni una extravagancia. Habrá datos y la tesis se hará certidumbre: los espacios serán del hombre, la verdad estuvo brotando de su boca.

OFICIAL.– Cuánto entusiasmo por las fantasías de un hereje simpático y bonachón. *(Se desmorona la pira. Rumor de voces. Se agitan las sombras de muchedumbre).* ¡Oh! ¿No es lo que intentó el señor Giordano Bruno?

CARAVAGGIO.– No serán las hogueras las que impidan a los hombres llegar a la verdad.

OFICIAL.– Cuánto entusiasmo por un gran hombre tan dudoso. Cuánta buena fe por un espíritu de tan dudosa grandeza.

CARAVAGGIO.– Pudo estar equivocado, pero abrió el pensamiento a una realidad nueva.

OFICIAL.– Sí, es lo que intentó el señor Bruno. Y se perdió, el pobre, en la inmensidad de sus universos infinitos. Demasiado imaginación para tan limitados razonamientos... «Sostengo que el universo es infinito..., que la tierra es una estrella, como todas las demás incontables, y que todos estos innumerables mundos constituyen un todo en el espacio infinito, que es el verdadero universo...». ¿Esta es la verdad irreductible, señor Bruno? ¿Y dónde están las pruebas, dónde los argumentos que la sostienen, que la confirman, qué autoridades la defienden? Argumentos, argumentos, señor Bruno, argumentos. La mártir obstinación no convence a nadie, y sostener hipótesis inciertas con firmeza absoluta o pretensión indiscutible no es inteligente. «Sostengo que el universo es infinito...». Presunciones absurdas, deducciones irresponsables, afirmaciones temerarias; hacen falta argumentos, razones sólidas, pruebas irrefutables... Ahí está el hombre, pretendiendo volar sin tener alas, condenado al fracaso; pretendiendo remontar alturas, espacios para los que no fue creado, condenado al fracaso, condenado a morir aplastado por su propio orgullo, o por su primitiva simpleza. ¿Creía el señor Bruno poder derribar con su fantasía los muros de San Pedro? ¿Creía el señor Bruno poder, como Josué, detener el astro que se le antojara y moverlo cuando quisiera? «Sostengo que el universo es infinito...». ¿Tanta inmensidad cabía en su cabeza terca? ¿Y dónde pondremos a Dios, señor Bruno, si el señor Bruno no es capaz de explicar su presencia en todo? El señor Bruno aguantó mucho pero arriesgó demasiado, y demasiado pronto. Obró con ligereza, muy escaso en astucia si sabía que, de todas formas, iba a morir. Heroico hasta el final, apartó su rostro del crucifijo que se le acercó a los labios; gesto inevitable de quien ya no puede retroceder... «Sostengo que el universo es infinito...». Y el hombrecillo que quiso morir para ser inmortal quedó convertido en mártir admirable... ¿de la ciencia, tal vez?; en ejemplo venerado de rectitud, de integridad, en la intimidad dudosa de algunos cultísimos aposentos; en héroe admirado por lo bajo y en silencio, en sabio no proclamado y en pensador no reconocido; en presa fácil, en hereje rebatible, en contendiente débil, más apasionado que inteligente; en ciudadano no reivindicado, y hasta en suicida incomprensible; en cristiano renegado con prisa, en sufridor de una muerte indigna; en cadáver de una causa extraña, en ceniza corriente, materia de recuerdo tiznado y bronce con algún mérito en el cincelado... «Sostengo que el universo es infinito...». Convertido en nada, mudo como los astros que invocó, silencio donde se estrelló su angustia y toda su agonía. Los grandes hombres también se acaban, y el vuestro, señor Caravaggio, temo que ya no pueda disertar sobre misterios ni sostener sus huesos. Tendréis que inventaros un nuevo gran hombre, un gran hombre más consistente.

CARAVAGGIO.– Si vuestra espada es tan lenta como vuestro entendimiento, no es extraño que siempre halléis excusa para mantenerla envainada: un manco os daría una lección de esgrima. Para un ciego la única verdad que existe es la oscuridad porque nunca supo de la luz; ¿la negaréis, vos, por tanto, en nombre de la legítima certeza del ciego? Otros hay que son ciegos porque no quieren ver, y creen que por asesinar al hombre que afirma que la tierra no está quieta en el espacio, la tierra no se va a mover. Negación inútil, porque lo que se ha puesto en movimiento con tanto esfuerzo nadie lo podrá ya detener. Y el universo entero se ha puesto en marcha. No, señor oficial, no serán las hogueras las que impidan a los hombres llegar a la verdad. De la misma manera que tampoco vos me vais a impedir ya proseguir mi camino. Me voy a beber. Habéis derramado sobre mí un piélago tan farragoso de cristianísimos conceptos y oropeles divinos que todos los santos que iba a martirizar sobre mi lienzo han huido horrorizados. Pero ninguno faltará a su cita. Y los encontraré a todos, sucios y borrachos, vomitando inmundos vinagres por los mugrientos rincones de todas las tabernas romanas. Me voy a emborrachar con mis santos, mis putas y mis truhanes. Esta es mi oración, señor oficial, mi rabiosa y desesperada oración. Y alzaremos nuestros jarros de vino por el honrado Giordano Bruno. Y toda la canalla romana, y yo, su capitán, vendremos a mear sobre estas malditas brasas, que ya no humearán, para que esta sea la última hoguera que se levante, y este el último crimen ejecutado por la infinita piedad cristiana y en su nombre.

Caravaggio hace una reverencia burlesca ante el oficial y se va hacia el fondo, rodeando las brasas humeantes. El oficial queda inmóvil y pasmado. Suena música. Lentamente, se hace el oscuro.

3. Calabozos de Forte Sant'Angelo

Un calabozo.

Con la misma música del final de la escena anterior se abre ésta. Iluminación lenta. Caravaggio está sentado en un rincón, junto a una escudilla con comida; está bebiendo un jarro de vino y tiene a los pies otro, volcado, vacío. Tras él, a poca distancia, sentado sobre un altillo, otro preso, Ranuccio, come pacíficamente. De algún lugar llegan unos ronquidos, pero no se ve el emisor. Cerca de la puerta del calabozo, Flavio, otro de los presos, dormita recostado en la pared. Tendido en el suelo y con la cabeza apoyada en el estómago de Flavio, duerme el último de los presos, Gerolamo. Definida la aparente quietud del calabozo, la música se va extinguiendo. Caravaggio termina de beber el vino, apura la última gota y arroja con furia el jarro, que se hace pedazos contra la puerta. Los dos presos que permanecen cerca de ella ni se inmutan. Caravaggio se levanta, airado, cruza la escena y se dirige a la puerta. Comienza a golpearla con los puños y los pies. Los dos presos le miran sin descomponer el gesto ni mover un dedo.

CARAVAGGIO.– *(A voces)*. ¡Eh, eh!, príncipe de los carce-leros, grandísimo hijo de puta, ¿qué te has creído? ¿Piensas que merezco este trato de perro? Te pedí vino y me traes los orines de tu piojosa mujer. ¿Acaso son formas de tratar a un hijo de puta de mi categoría? ¡Eh, tú, renegado!, eres el más grande de los cabrones, y si tuviera mi espada aquí no te con-sentiría semejante desprecio. Tu vino es tan innoble y nauseabundo que hasta daría vergüenza emborra-charse con él. ¿Qué burla es esta?

El preso que dormía y roncaba, Pasqualone, emerge de las sombras y se abalanza sobre Caravaggio. Caen al suelo. Pelean.

PASQUALONE.– Una burla muy divertida, señor canciller de todas las honras: te voy a arrancar tu asquerosa lengua para que nos dejes morirnos de asco en paz en esta sucia cueva de la que ya no saldremos.

Siguen riñendo. Flavio no cambia de postura; Gerolamo se incorpora un poco para ver la pelea mejor.

RANUCCIO.– *(Desde su sitio, sin dejar de comer)*. No le qui-tes la vida, Pasqualone, o perderás la ocasión de que te proclame déspota del Epiro, o con cualquier otro título de nobleza en algún reino mucho más antiguo y más rico todavía, con sus portentosas facultades. Sé clemente como un turco: abusa de él cuanto quie-ras pero perdónale. Con estos marqueses caídos en desgracia nunca se sabe lo que puede pasar.

PASQUALONE.– He dicho que le arranco la lengua, y se la arranco.

Colocado casi a cuatro patas sobre Caravaggio, Pasqualone lo tiene agarrado por el cuello con una mano y con la otra le golpea en la cara. Ranuccio se alarma. Se acerca, se coloca detrás de Pasqualone y trata de detenerlo.

RANUCCIO.– *(Intentando separarlos)*. Venga, Pasqualone; déjalo ya, déjalo. Ya está bien, ha recibido lo suyo. Si continúas golpeándolo así lo vas a matar.

Pasqualone le suelta el cuello. Caravaggio se pone a reír escandalosamente, sin que parezcan hacerle efecto los últimos golpes dispersos de Pasqualone que, empujado por Ranuccio, se separa y se levanta.

CARAVAGGIO.– *(Sujetando a Pasqualone de una mano)*. He tenido una visión, he tenido una visión. No te vayas, Pasqualone; quédate tal como estabas, así, sobre mí. Y tú, Ranuccio, también, detrás de Pasqualone. Vamos, venid; no os vayáis.

Pasqualone da un tirón violento y se aleja, después de darle una patada a Caravaggio, que, a pesar de todo, sigue riendo de buena gana.

PASQUALONE.– ¡Está loco! Tiene la cabeza trastornada. Tenía que haberle sacado la lengua.

CARAVAGGIO.– *(Levantando los brazos; su tono mezcla lo serio y lo burlesco, confusamente)*. Soy san Pablo abriendo los brazos al rayo divino; san Pablo tirado por los suelos... Compuse una escena así para los Contarelli, o para los Mattei, ¿o fue en la capilla Cesari?, no sé, no recuerdo..., pero esta escena. Yo soy el santo, tripeando hacia las nubes como un cangrejo torpe; Pasqualone, sobre mí, es el inmenso caballo que pinté encima del iluminado; y Ranuccio es el palafrenero que sujetaba al animal para que no estorbara que se clavase en el corazón del caído el celeste mensaje.

PASQUALONE.– ¡Se ha bebido mi vino! *(Ranuccio, que había conseguido aplacarlo, se ve obligado a refrenarlo otra vez cuando intenta abalanzarse de nuevo contra Caravaggio).* ¡Me ha robado mi vino, el cabrón, mientras dormía! Si lo tenía que haber matado, lo tenía que haber matado, tenía que haberlo hecho.

RANUCCIO.– Sosiégate, calma, Pasqualone, amigo. No lo mates todavía...

PASQUALONE.– No me deja dormir, me roba el vino, se ríe de mí cuando lo quiero matar... ¿qué clase de gusano demente se nos ha metido en este agujero?

RANUCCIO.– Tranquilo, Pasqualone, tranquilo. No te apresures. Nos queda mucho tiempo para disfrutar de este amable retiro, en esta gruta gentil de aires purísimos y ninfas complacientes. *(Llevándoselo hacia su penumbra).* Tranquilo, hombre; tranquilo; ya lo irás matando. Ahora ponte a comer, y duerme después. Eso es, muchacho. Yo te traeré vino. Pero no te muevas de aquí, ¿eh?

Recoge de prisa su jarro de vino y se lo lleva a Pasqualone.

CARAVAGGIO.– ¿Qué arcángel me tenderá su escala radiante para sacarme de los sombríos calabozos del Forte Sant'Angelo? Mierda.

RANUCCIO.– *(Acercándosele).* Señor poeta, Pasqualone no es un arcángel exactamente. Es un poco bruto, y el único, eso es verdad, que puede sacarte de aquí. *(Le ayuda a levantarse).* Sigue así y pronto lo conseguirás. Pero te advierto que si te vas de estos calabozos por su intervención, será con los pies por delante, ¿me comprendes? Te ha dejado un poco señalado, ¿eh? Mira, amigo, lo que te quiero decir es que debes actuar con más sensatez, porque un día no voy a poder controlar a Pasqualone, y ese día te dejará más cascado que esa jarra; o puede que a los dos, a ti por molestarlo y a mí por defenderte. ¿Qué te parece?

Caminan hacia su sitio inicial. Flavio sigue, imperturbable, apoyado en la pared. Gerolamo juega con unos dados.

CARAVAGGIO.– *(Dejándose llevar por Ranuccio).* Pues tendrá que darse prisa mi caballo en partirme la cabeza porque yo no pienso quedarme mucho tiempo en esta sima tenebrosa.

RANUCCIO.– De aquí ya no sale nadie, métetelo en la cabeza, amigo. Por si aún ignoras dónde te has metido, te hago saber que estás en las tripas de Malta. Picando hacia abajo un poco tal vez encontraríamos el mar; de lo contrario, iremos directamente al tribunal o al patíbulo. Y moriremos sin saber si es con el alba o a la caída del sol, si con nuestro último estertor llueve o hace frío, si la armada turca apresta su asalto a La Valeta... Moriremos con los ojos enloquecidos mucho tiempo después, cuando ya nos lo hayamos figurado todo, con los ojos estrellados sobre el verdín de los muros, porque ese es todo el horizonte que les queda, ¿sabes? Moriremos con la piel de nuestro cuerpo ciega a la luz de más allá de los torreones, porque ya no sabremos si hay viento o trigo al otro lado, porque ya no sabremos si hay otro lado... Pero moriremos, y esta certeza es todo lo que nos queda. Y el aire justo para hacer bien la digestión cada día que seguimos vivos.

FLAVIO.– *(Desde su pared)*. Más fácil que saber los árboles nuevos de la primavera o los actos repetidos de los hombres es conocer lo que va a ocurrir o adivinar la aflicción de los necios y los desesperados.

Ranuccio y Caravaggio no oyen sus palabras.

CARAVAGGIO.– Vosotros habéis renunciado muy pronto.

RANUCCIO.– ¿A qué?

CARAVAGGIO.– A todo lo que no sea vuestra derrota. Lleváis mucho tiempo aquí, ¿y qué? Nadie os ha sentenciado, nadie os ha cortado las manos, nadie ha puesto cadenas en vuestro valor o en vuestro ingenio.

RANUCCIO.– Sí, llevamos mucho tiempo aquí; ya no recuerdo cuánto: nueve, diez meses, tal vez un año, o más, no sé. El tiempo corre de otra manera aquí dentro. No existen horas, días ni meses, ni campanas o las hojas amarillas del otoño. Aquí sólo hay las veces que has sentido la angustia de escuchar unos pasos numerosos y pensar que se acabó todo, que vienen a por ti... Cuatro veces ya... Pero pasan de largo y no te llevan, y el juicio o la horca se retrasa semanas, meses, meses y meses, y no sabes qué va a ocurrir un minuto después. Cuando pasa mucho comer y dormir y no te han sobresaltado esos pasos que se te acercan pisándote las sienes y machacándote el corazón es que algo extraño sucede, y te come una desazón peor. Pero lo soportas todo y sobrevives, a veces maldices la dureza de tu cuerpo o el hierro de tus venas, o te esfuerzas en acumular en tus manos el coraje suficiente para no llegar al verdugo... Sabemos que vamos a morir, pero no cuándo; y un minuto antes puede haber una amnistía o un ataque de los turcos, inesperado...

CARAVAGGIO.– Mulas que dan vueltas y vueltas alrededor de un pozo, atadas a una torpe estructura que las define. Ceguera inútil que nunca llega a conocer lo que acarrea a costa de su vida estéril y su camino sin sentido.

FLAVIO.– *(Se levanta para hacerse oír, pero no se acerca a ellos; se mueve por su rincón, pero siguiendo la conversación de los otros).* Abrid los ojos unos y otros, abrid los ojos para ver el mundo y sus súbditos desde un calabozo. Abrid los ojos y veréis siempre lo mismo, porque todo acontece de la misma forma, todo se sucede igual desde el día en que cayó la primera luz sobre la tierra. ¿Es que cambia el amor, la enfermedad, la guerra, la muerte, el hijo, el amigo, el amante, el hombre que comercia, el que cultiva, el que conspira, el que odia o ríe o miente o murmura, el que desea el mal de los otros, el que adula; es que cambia el orgullo, la ambición, el que busca la riqueza, el que sueña el poder...? Y si estos ya no existen, quedan sus hijos, los nietos, los hijos de los nietos, los sucesores de estos, los herederos de aquellos, generaciones y generaciones que, siglo a siglo, trabajan la obra, los mismos afanes, idénticos desvelos, iguales esfuerzos, todas las pasiones que se suceden... ¿Para qué, hacia dónde si el hombre ya no es el objetivo ni el bien más precioso? ¿De qué destino casual podéis hablaros el uno al otro?

RANUCCIO.– Ni azar ni objetivo, Flavio. Hay que hablar de los únicos argumentos comprensibles y necesarios para seguir malviviendo cuando sabes que vas a morir pase lo que pase.

CARAVAGGIO.– ¿Y vale la pena soportar semejante suplicio, enloquecer, quedarte quieto a esperar o envejecer en este tristísimo pozo?

RANUCCIO.– Juzga por ti mismo. Cada día que pasa, que te has comido tu rancho y que no te han llevado a morir es otra oportunidad que tienes de sentirte vivo, aunque sea por unas horas y en la nada. Esta vida oscura y una oscura esperanza es todo lo que tenemos, y es todo, todo lo que podemos perder, todo lo que nos pueden quitar. Si no pensara así, si todavía creyese que hay una brizna de mundo para mí, ya le habría escupido a Pasqualone.

FLAVIO.– Si obras según te dictan prudencia y razón no eludirás la caída, pero serás un dios para los que ahora te desprecian.

RANUCCIO.– ¡Calla, Flavio! No nos aburras con las máximas de tus filósofos polvorientos.

FLAVIO.– Vivir o morir, siempre por la verdad. Sólo el que persiste en su ignorancia o en su propio engaño muere por nada.

RANUCCIO.– ¿Y qué hiciste tú de tu vida, y cómo has llegado aquí, y cómo será tu muerte? Ya veo a qué profundidades te ha elevado tu meditar. ¿De qué te ha servido, Flavio, viejo necio, si compartes la misma podredumbre que yo y ascenderemos a la misma cuerda? La muerte no nos distinguirá.

FLAVIO.– Pero tú la temes, te da miedo este límite de la carne. ¿De qué os asustáis? Desde Heráclito y Sócrates hasta el emperador Carlos y el divino Miguel Ángel, ¿sabéis cuántas naturalezas agudas, cuántos espíritus magnánimos, cuántos grandes hombres han vivido y nos han dejado? ¿Qué creéis que va a perder el mundo porque desaparezcan dos sinvergüenzas? Si nada os impidió vivir según la razón de vuestra torcida naturaleza, nada evitará que vuestra muerte sea su fruto natural. De peores cosas se ha olvidado el tiempo, de peores desechos se ha librado el mundo.

RANUCCIO.– Está bien, está bien, Flavio; cállate ya. Sigue sosteniendo tu muro y recitando tus sentencias antiguas.

CARAVAGGIO.– A mí toda esta palabrería me da igual. Te digo que he salido de trances peores.

RANUCCIO.– Pero no de muros tan espesos.

CARAVAGGIO.– Tendría que dejar de galopar mi corazón en el pecho o detenerme una espada certera. Mientras tanto, seguiré pensando que puedo escapar del mismísimo infierno.

FLAVIO.– *(Se ha acercado a Caravaggio)*. Aquieta tu arrogancia, muchacho. Dejas hacer al azar y ese es mal viento para cualquier nave.

RANUCCIO.– *(Ignorando la proximidad de Flavio)*. Yo prefiero pensar que se han olvidado de nosotros desde que nos echaron en este calabozo. Y deseo que se prolongue ese olvido. Si no existimos, no tenemos más importancia que las ratas que comparten con nosotros este húmedo subsuelo. Respiramos aún. Porque te aseguro que, si nadie decreta una amnistía y la artillería turca no desguaza esta maldita fortaleza, cuando volvamos a la memoria de alguien será para enfilar el tribunal y la soga.

CARAVAGGIO.– Yo estoy vivo y no niego mi ser. *(Recorriendo con la mano la superficie del muro)*. No confío en la justicia, apenas creo ya en los hombres y nada espero de su corazón lejano y abismal. Y si vienen los turcos no me resistiré a su liberación, si supiera que los que bajaran aquí iban a respetar mi vida. Sólo confío en mí, de mí todo lo espero; y creer, en nada más que en mis manos. *(Sin dirigirse a nadie en concreto)*. Conozco demasiado bien el vivir y su reverso, el bienestar y su renuncia, la amargura de la complacencia, la traición de quien te adula, las esquinas turbias de los hombres, la emboscada de los envidiosos, el poder del dinero y la corrupción que encumbra la santidad. Miremos el mundo como lo ven los mortales: el oro cubre los altares vacíos y el hambre va adueñándose de la calle, deslumbran los diamantes que reinan en la plateada podredumbre de los relicarios y las coronas, y los mendigos se derraman, incontables, bajo el sol; negocios inconfesables de reyes, pontífices y emperadores disputándose los despojos de los estados; los oprimidos y rebeldes acuciados y reducidos por la policía; los sabios y los honrados, diezmados en las fauces de la iglesia... Vengo de Roma huyendo, héroes de piedra y gigantes, opulencia de mercaderes, apretado esplendor de lacayos y autoridad ineludible, como una red; la miseria es inexpresable, repartida generosamente entre mitologías, murallas y panteones... Allí sólo cabe enriscar los ojos y dejar que las entrañas se te hagan piedra, porque el dolor y el tormento, el gusto y la belleza se hacen ajenos. Por eso sólo creo en mí, por eso no espero nada de nadie. He vivido mucho y he sufrido mucho, me han golpeado por todas partes; he sido afrentado, insultado, llevado a los tribunales; humillado en Roma, en Malta, donde quiera que vaya el Caravaggio sólo encuentra daño, desprecio, alguna lisonja y pocas cortesías... Es un gran artista y hasta fue un honorable caballero, pero también un perro fugitivo, un perseguido sin causa ni defensa, y hay que apedrearlo, someterlo, apartar a este ser, discorde con el amable mundo, y ocultarlo en la más siniestra mazmorra, en el más hundido calabozo... Ya no puedo creer en otro ser, humano o no, que no sea yo. Y si lo hiciera sería traicionar mi naturaleza y todas las enseñanzas de mi existencia.

RANUCCIO.– ¿Y en esto ha venido a parar tu historia? ¿Es alentador sentirse carnaza indigesta de calabozo?

CARAVAGGIO.– Ranuccio..., tú nunca me tomas en serio, no crees ni una sola de mis palabras. Me tomas por un farsante.

RANUCCIO.– ¿Y qué pretendes si no, dime? Díselo a tu ángel custodio. Gritas como un demonio la maldad de un vino robado, te ríes como un loco cuando alguien pretende matarte; te burlas, serio, o te pones a contar historias, muy serio, a filosofar para un selecto auditorio de ratas y presidiarios..., y resulta que eres un resentido, un amargado. ¿Qué pretendes, qué quieres de mí? ¿Quién eres tú en realidad?

CARAVAGGIO.– Tal vez un demonio, un loco, un resentido..., se me llama el Caravaggio; y soy un asesino también, un desertor de la ley, un fugitivo de los hombres..., pero me llaman el Caravaggio, y cuando termino de pintar un cuadro Roma entera se estremece y me aclaman como a campeón del arte, y me escupen como al furioso destructor de la pintura. Soy el Caravaggio, Caballero de Gracia de la Orden de Malta y muy honorable ciudadano de la ciudad. Soy el Caravaggio y con una virgen, dormida y vulgar, moví la cólera del clero y el estupor de las gentes antes de que fuese llevada al duque de Mantua como un tesoro precioso..., un demonio, un loco, un resentido, todo y nada, blasfemo, arrogante...; un hombre, simplemente, que ha luchado por lo suyo y al que nunca se ha querido comprender. Necio atormentado, mascarón instruido, loco tolerado, demonio que siempre se ha de agachar, inútil resentido con un poco de talento para deleitar la vanidad de patricios y cardenales. El Caravaggio..., esto que tienes delante. Orgulloso y altivo hasta en esta subterránea miseria del más abominable calabozo maltés.

RANUCCIO.– ¡Cristo! ¿Y tú me hablabas de derrotas y locuras inútiles? Jamás vi un hombre tan destruido. ¿Qué te han hecho y por qué? ¿Quién pudo hacerlo y en nombre de qué? Mi mundo es estrecho y mediocre, y lo sé, pero el tuyo, ¿qué mundo es el tuyo que niega la ternura, la esperanza, el amor, y hasta su nombre y su recuerdo...? Nadie se duele contigo, nadie comparte tu dolor, ¿a nadie le ofreciste una caricia?

Caravaggio estalla en carcajadas agridulces.

FLAVIO.– ¿Qué vanagloria te arrastrará todavía? El olvido es muy rápido, señor artista, y el tiempo no se acaba. ¿Qué tamaño puede alcanzar tu gloria si la tierra es un grano de arena? Toda la grandeza que te queda es tu propia pequeñez. Sé un hombre libre y piensa como un ser mortal: no desdeñes, además, la muerte. Ella te da tu dimensión exacta, es lo más humano que tienes aún.

CARAVAGGIO.– Ranuccio, Ranuccio, ¿así me hablas tú, así en este sucio alcázar? ¡Qué grandioso pensamiento! ¡Qué hermosas palabras! *(Con dureza)*. Pero entre tus palabras y mi vileza hay un mundo que no sabe de luces y brillos, que no se detiene ante nada, un mundo que nos arrastra hacia arriba, hacia abajo, hacia ningún sitio o hacia todas las prisiones abiertas. Y ese mundo no lo hice yo, no me gusta y no lo puedo cambiar. ¿Qué he de hacer? ¿Cerrar con ternura mis heridas, dilatar mi angustia con amor, atar mis manos con esperanzas...? Ternura, esperanza, amor... ¿amor? ¿A qué, a quién? ¿Jóvenes hermosos, grandes ideales, legendarias dinastías de poder, la mujer que habías soñado...? ¿Hay algo que merezca un desvelo, alguien por quien valga la pena derramar unas lágrimas? ¿Qué vida, qué afecto, qué lealtad es segura cuando desnudas el gesto y ves que sólo hay mentira, cuando a la voz le quitas su adorno y ves que no hay nada? ¿Amor para qué? Los placeres, pagados; así no mienten, no defraudan y no comprometen tu verdad ni hieren el corazón. Y soy el más enamorado de los miserables... Descender al amor de los hombres, jugar al amor considerado, desinteresado, caprichoso, feliz, es hundirte en un fango incomprensible, abrasarte en una hoguera sin razón, sin sentido; arrastrarte en una pasión bastarda. Lo entregas todo a cambio de una burla, desdeñas tu palabra, niegas tu ser, violentas tu sentimiento natural para ordenar otros egoísmos; luchas por lo que más amas y cuando te pesan los laureles obtenidos, que humillan y falsean, te das cuenta de que has creído luchar por lo que creías amar. Y cuanto más arañas los sentimientos para ser digno de tan alto premio, más te hundes, más te pierdes y mejor comprendes que sólo estás tú, que sólo te tienes a ti, que sólo puedes amar, luchar, engañarte, humillarte tú; y todo lo que te queda por hacer es agarrar la vida con dientes y manos, poner un huracán sobre la sangre y decirte: ¡Adelante, adelante, siempre! ¿Quién te va a impedir hacer tu obra, quién se atreverá a cerrarte el paso? No hay más religión que ésa, no hay otros dioses que nosotros, y la lealtad de una espada es suficiente para demostrarlo, igual que resolvería cualquier otra duda infranqueable. El amor, Ranuccio, es un antiguo cuento de juglares. Y si no quieres pecar, ni atascar tu camino en pueriles enredos sentimentales, todas las putas de la cristiandad te esperan, cargadas de sonrisas, piojos y perfumes, dispuestas a darte todo el amor que tus dineros alcancen. ¿Para qué necesitas más?

RANUCCIO.– Amén.

Pasqualone emerge de su penumbra. Gerolamo sigue jugando con sus dados.

PASQUALONE.– Ya está bien de rezos y de putas. Os deberían ahorcar ahora mismo por hablar tanto, por cultivar tan desconsideradamente la lengua y menospreciar el reposo de un mortal fatigado. A ver cuándo aprendéis de Gerolamo que la mejor elocuencia, la más concertada para los ilustres huéspedes de tan espléndidas alcobas, es la de los dados. ¡Eh, Gerolamo! Vamos a moverlos un rato.

GEROLAMO.– Claro, Pasqualone. Para eso están.

PASQUALONE.– ¡Venga!

GEROLAMO.– ¿Apostamos lo de siempre?

PASQUALONE.– Hijo de puta, ¿qué otra cosa podemos apostar si no nos quedan más que los piojosos calzones?

GEROLAMO.– Toma, tú sales, Pasqualone.

PASQUALONE.– Trae. Eso quisiera: salir cuanto antes de este pudridero y perderos de vista. ¡Ranuccio, malnacido! ¡Déjate de romances y latines, y acércate a los dados!

RANUCCIO.– *(Acercándose, sonriente, a Gerolamo y Pasqualone)*. Vamos a ver esos dados qué nos dicen, a quién le traen la buena fortuna.

PASQUALONE.– ¿Su excelencia no viene? Aquí no hacen falta tantos melindres cortesanos. Ni cetros, ni estados, mayor igualdad no cabe: la misma mugre nos inviste, todos olemos igual de mal.

Ranuccio le hace una seña a Caravaggio y también se acerca al grupo.

CARAVAGGIO.– *(Pensativo)*. Sí, sí; ya voy.

Inician el juego.

FLAVIO.– *(Con desdén, distante del grupo de jugadores)*. Estaréis muertos dentro de poco tiempo y os vais sin saber otra cosa que el azar de los dados.

RANUCCIO.– ¿Qué desprecio es ese? Somos hombres corrientes, Flavio, no bustos imperiales; hombres sencillos, y acomodamos lo mejor que podemos el discurrir de nuestra vida presente a las estrecheces en que nos deja la arbitraria justicia de esta tierra.

FLAVIO.– No es coraje ni es cinismo lo que con tanta presteza mostráis, tan sólo una pequeña daga sin filo. Ignoráis lo que es sencillez y el significado de la justicia: No sabéis ni lo que es la vida.

RANUCCIO.– ¡Bah! Pues qué otra...

CARAVAGGIO.– Puede que tenga razón Flavio. ¿Qué quedaría del mundo y cómo entenderíamos la vida nuestra si ahora mismo bajaran a por nosotros los soldados, si se... abriera esa puerta y nos llevaran de aquí?

Silencio repentino. Los jugadores quedan inmovilizados, gesto suspenso y sin resuello, mirando aprensivamente a Caravaggio y hacia la puerta.

FLAVIO.– *(Alejándose de los jugadores)*. Si todo es efímero, si hasta el recuerdo es fugaz y todo lo arrastra el tiempo, lo que está sucediendo y lo que aún está por suceder, es un loco el que se desespera aquí abajo. ¿Qué se puede esperar ya? ¿Qué nos retiene todavía? Si no somos ceniza ni leyenda, ni siquiera tierra; si apenas somos un puñado de carne, una arquitectura de huesos donde se enreda un alma; si mantenemos erguido casi un cadáver, un nombre, un ruido, un eco y muy pronto nada; si lo que más amábamos en la vida ya no está, o es vacío, lejano, podrido, inalcanzable... ¿qué pensamiento o qué impulso retrasa nuestra extinción? ¿Qué queda digno de estima en nosotros para seguir viviendo? No es nuestra la vida ni depende de nosotros ya. Todo se acaba, y el desenlace de este absurdo nuestro ya tarde demasiado.

CARAVAGGIO.– *(Se pone en pie y dirige sus palabras a Flavio)*. No, no; no es eso. La muerte no se desea, no se apresura, no se teme: lo que viene de la tierra a ella vuelve, antes o después. Lo peor, lo terrible, es este acontecer sin respuesta ajeno a nosotros, este silencio que brota de nosotros, que no sabemos lo que expresa, desprecio, indiferencia... porque quedan demasiadas cosas sin contestar. Es preciso buscar, saber, necesitamos tiempo, no pueden acabarnos ahora. Hay que salir de aquí, huir, huir, huir...

RANUCCIO.– Pero bueno, ¿qué os pasa?

PASQUALONE.– Han perdido el juicio estos idiotas. Regresemos a los dados.

FLAVIO.– ¿Huir, señor Caravaggio? ¿Dónde está el refugio, dónde hay salvación? ¿Quién descompondrá estos muros y las pistolas de la guardia? ¿Huir? ¿Quieres decir seguir arrastrando la deshonestidad de un proceder tan poco limpio como el que has ejercido hasta hoy? Hay que morir un día, tú lo has dicho, ¿por qué, pues, rechazar el momento? Considera la rectitud de la naturaleza que no disculpó ni a Hipócrates de morir después de pasarse la vida entera curando a la gente. No es sensato, no es sensato pretender lo imposible.

CARAVAGGIO.– *(Cayendo impetuosamente sobre Flavio)*. Odio la mansedumbre de los sensatos, odio el servilismo de los quejosos obedientes. La vida hay que hacerla a cada momento, incluso en medio de estas sórdidas negruras hay que hacerla. La vida no es un premio o un castigo por aceptar o renegar de una carga de principios programados por la conveniencia de los poderosos. Eso, nunca. Yo moriré cuando tenga que morir, ni un minuto antes ni un minuto después; pero nadie dispondrá a su antojo de mi vida.

FLAVIO.– *(Dándole la espalda a Caravaggio)*. ¿A quién te atreverás a censurar? ¿Por qué no te conformas con nada? Te ensañas torpemente con la ley, destruyes el bien común y pisoteas el orden de las cosas. Ya sólo la muerte te podrá devolver a tu sitio. Porque tú mismo te has apartado, como miembro corrompido, de la sana naturaleza, de la sociedad de los hombres y su gobierno. *(Se vuelve hacia Caravaggio, amenazador)*. Ahora que te ves solo sientes el miedo que se apodera de ti.

Caravaggio queda, inesperadamente, desconcertado y calla, da la espalda a Flavio y unos pasos como en el vacío. Ranuccio, impaciente, se aproxima a Flavio, pero se queda a cierta distancia.

RANUCCIO.– Bueno, bueno, ¿y qué tiene eso de extraño? Su miedo es el nuestro, el mismo que a todos nos retuerce las entrañas porque la misma soga nos partirá el cuello. ¿O es que tus crímenes, Flavio, son más respetables que los nuestros?

CARAVAGGIO.– Putas ordinarias, muchachos de la calle, viejos, verduleras, sicarios malolientes... *(Ranuccio se aproxima muy lentamente a Caravaggio; los demás, expectantes y hartos; Flavio, desdeñoso).* Los puse entre ricas molduras y les di la calidad misma de los reyes, puse luz en su dignidad y los subí entre sedas y parnasos; la justicia de mis dedos quebró todo desprecio cortesano, y los amé porque en ellos está la vida que pasa para todos y en nosotros... Hace mucho tiempo maté a un hombre en Roma, ya no recuerdo cómo era, pero se llamaba como tú. Era un tramposo, nos quiso engañar con unas apuestas que hicimos en el juego de pelota. Fui condenado, alguien me escondió, en vano esperé dos años alcanzar el perdón que a otros se concedía sin trabajo..., pero la excelencia de mi arte no dejaba de crecer y dispersaba la fama de mi talento, igual que las noticias del proceso. Y pronto soy requerido en Malta. *(Se pone a hacer reverencias delante de Ranuccio, sorprendido por la comedia, como si fuera el maestre).* ¡Oh, gran señor de Wignacourt, gran maestre de la Soberana Orden y Compañía de Malta!, este humilde pintor se siente desmedidamente honrado en serviros y espera la gracia de alcanzar con su arte el mérito suficiente para glorificar eternamente la generosidad y magnificencia de quienes han derramado sobre mi modesta persona tan elevada dignidad... *(en un aparte burlesco)* que espero sea tan grande como para tapar el crimen del que vengo huyendo y arrancar al pontífice un permiso para regresar a Roma... *(Se coloca detrás de Ranuccio, que se da la vuelta para seguir la comedia, como si fuera ahora Caravaggio)*. ¡Oh, señor Merisi, el más excelso pintor que el mundo ha conocido desde la edad gloriosa de Apeles! Mayor es la honra que recibimos por tener entre nosotros a tan ilustre *(con incesantes reverencias)* artista, espejo de virtudes y asombro del mundo, y etcétera, etcétera, etcétera... *(Vuelve a ponerse delante de Ranuccio, desconcertado y torpe)*. Señor Maestre, aquí os muestro vuestro retrato que con tanto trabajo he logrado acabar. Todo mi esfuerzo se verá recompensado si mi devota inspiración ha conseguido recrear los rasgos de tan alto caballero y su humana majestad, y quedarais complacido... *(Otra vez detrás de Ranuccio)*. Es digno de admiración, señor Merisi, tanto ingenio y talento. Mucho, mucho me complace el retrato, tan natural, que me habéis hecho. Acaso tenga poca luz y el brillo de la armadura se apague un poco, pero, en conjunto, el cuadro, me parece a mí, es admirable. Me cabe el orgullo de comunicaros que vais a ser recibido en el seno de nuestra Orden Soberana. Debéis, por tanto, prepararos para recibir dignamente este gran honor que la fortuna y mi gestión os deparan. ¿Cuál será vuestra ofrenda?... *(Se coloca otra vez delante de Ranuccio)*. La degollación del Bautista, un piadoso tema, señor, para la catedral, donde pondré todo mi arte, todo, todo mi arte... *(Alejándose de Ranuccio)*. Tanto honor, tantas lisonjas y favores, títulos y obsequios cayeron sobre mí, deslumbrado mortal incrédulo y cínico... Honorable Miguel Ángel Merisi, gloria de Malta y su Orden, orgullo de la ciudad, investido caballero de Gracia por el gran maestre Alof de Wignacourt... Todo inútil, Roma no me quiere perdonar. Y la paciencia de Caravaggio no resiste, el orgullo de Caravaggio no se calma, la furia de Caravaggio se subleva contra la mala justicia que le acosa. Todo se le niega, todos lo abandonan, lo persiguen, sus amigos le acechan. *(Ranuccio intenta acercarse, ayudarle, pero las palabras de Caravaggio lo detienen).* Caravaggio es humillado, degradado, expulsado de todas las honras, despojado de todas las dignidades, separado de la Orden como miembro corrompido... No quiero excusar mi vida y no le temo a la muerte, Flavio, no la temo, pero me da miedo la justicia, tan ciega, y me dan miedo los hombres, tan ciegos. He sido..., soy un hombre precavido, no un asesino sin escrúpulos.

FLAVIO.– Si el hombre hiciera lo que le corresponde no habría opiniones contrarias ni actitudes adversas, la maldad estaría en descubierto y los espíritus miserables serían desechados. Porque el que comete injusticia es impío, lo llame como lo llame, y no hay adorno que la silencie. La injusticia no se corrige con otra, ni se justifica.

Cansado, camina hacia su sitio inicial, junto a la puerta. Gerolamo y Pasqualone siguen perplejos y mudos.

CARAVAGGIO.– Toda la vida he luchado por servir a un pensamiento justo sin ser tirano de nadie ni esclavo de ningún hombre. Yo no digo que mi alma no sirva de nada, digo que el barro de mi carne también es noble y no lo vendo ni doblego ante nada. Un exceso de fe, igual que una negligente ignorancia, pueden hacer insensato a un hombre que no lo es. Porque a veces hay que apartarse del correcto proceder cuando los sanos principios pueden convertirse en coartada del mal.

FLAVIO.– ¿Me acusas de negligencia, de arbitrariedad, de ignorancia? *(Se recuesta en la pared)*.

CARAVAGGIO.– Llevas mucho tiempo aquí metido y lo confundes todo. ¿Es justo el poder que busca la destrucción de la inteligencia? ¿Es justa la autoridad que aniquila a quien se resiste a las cadenas? ¿Es justo soportar la injusticia, someterse a ella? ¿Es justo no levantar la espada contra el abuso y la opresión de los poderosos? ¿Es justo sufrir injustas leyes y sucumbir con injustas penas? ¿Es injusto rebelarse contra la arbitrariedad, contra la injusticia de los justos?

FLAVIO.– El pesar no es insoportable, ni eterno...

CARAVAGGIO.– Sí, todos acabamos sepultados.

FLAVIO.– Será dulce verse libre de una vida que nos retiene por nada.

CARAVAGGIO.– ¿Por nada? ¿Cinismo se llama ahora el miedo? Salvar la imaginación, desatar el instinto, avivar el deseo, conservar la razón y la libertad. Esta es la vida que yo...

RANUCCIO.– *(Tajante)*. Bueno, ya está bien. Habéis ido demasiado lejos. Bajad a nuestra real miseria y olvidaos de oratorias, que no somos un senado. Y os advierto que...

PASQUALONE.– ¡Silencio! ¡Callad! ¿Qué ha sido eso? ¿No habéis oído...?

RANUCCIO.– Pero... ¿qué dice ahora este?

GEROLAMO.– Sí, como un lejano resonar de pasos que...

RANUCCIO.– Os habéis vuelto locos, pero no me extraña...
No pasa nada, una discusión interrumpió los dados,
y ahora ya todo sigue su marcha. Vamos, vamos, no
ocurre nada, no seáis...

GEROLAMO.– Escuchad, escuchad, sí... Se acercan. Ahora
se oye mejor. *(Pasqualone se lanza sobre la puerta y
pega la oreja a la madera. Todos se mueven con lentitud y pesadez, y miran a Pasqualone. Silencio. Los
pasos que se acercan se van haciendo cada vez más
nítidos e indudables).* Vienen... los soldados.

*Flavio se pone a reír amargamente. Ranuccio y Cara-
vaggio se miran, temerosos, como sin entender la situa-
ción. El ruido de los pasos se hace cada vez más fuerte,
más próximo, más presente. Pasqualone, aterrorizado,
se aparta bruscamente de la puerta. Gerolamo recoge y
guarda los dados y se aproxima a Flavio.*

PASQUALONE.– ¡Sí, vienen, es cierto, vienen! ¡Cristo, van
a matarnos, van a matarnos! ¡Es el final de todo, el
final!

FLAVIO.– Sí, por fin..., por fin.

RANUCCIO.– No nos llevarán a todos, no nos llevarán a
todos... ¿Quién...?

CARAVAGGIO.– No puede ser; no, no. Así no, tan pronto
no. Tantas palabras sin respuesta, tanta vida por
hacer... Ahora no, ahora no; no es el momento. Yo
no estoy acabado. Roma es mi meta, mi principio
y mi fin. No quiero morir a oscuras. El perdón, el
perdón...

FLAVIO.– Todo camina hacia su extinción, todo es un instante, un soplo, y se resume en nada. Ni los cuer-

pos quedan en la tierra, ni su recuerdo en el aire; el tiempo ni epitafio deja. Qué fatiga sobrevive, qué placer, qué fama resiste. Sólo teníamos presente, ni pasado ni futuro incierto. Sólo este tenebroso presente es el despojo de que nos van a privar. *(Lanza una mirada a Pasqualone, a Ranuccio y Caravaggio, y se ríe).* Si no fuerais tan listos no moriríais gruñendo...

Gerolamo le tapa la boca con la mano suavemente. Ya todo está claro. Los pasos se han detenido ante la puerta. Ruido de una llave en la cerradura, y comienza a hacerse el oscuro. La puerta se abre. Se percibe la figura del carcelero que entra en el calabozo, haciendo señas de entrar a la escolta. Pero el oscuro es ya total. De la oscuridad de la escena emerge una música, que puede ser el Lamento de Ariadna, *y concluye la primera parte.*

SEGUNDA PARTE

1. El regreso

Una casa en Nápoles.

Estancia amplia, casi desprovista de muebles. Cortinajes, ventanal al fondo, escaño corrido con telas y almohadones, desordenados. En medio de la habitación un sillón; a un lado, un laúd y unas flores sobre un bargueño; enfrente, un caballete y una mesita baja donde se amontonan los elementos de trabajo del pintor. Caravaggio está trabajando en un lienzo, ya muy avanzado, que representa a David sosteniendo la cabeza de Goliat. Suenan madrigales. En un momento dado interrumpe su labor, desconcentrado, deja los pinceles y camina fatigosamente hacia el fondo. Se acerca al ventanal y se asoma. Se refleja su imagen y se aparta, como sorprendido de verse sobre el cristal y no reconocerse. Se mueve a contraluz, no se ven con claridad los rasgos de su rostro, y se mueve como evitando mostrarlos. Se sienta en el sillón.

CARAVAGGIO.– ¿De qué sirve escapar de una prisión cuando la tierra es un calabozo? Soy, además, afortunado: disfruto de toda la luz que cabe en esa ventana, la noche oculta mi llanto, la luna protege mi albedrío y siempre encuentro algún vagabundo, menos ebrio que yo, que guía mi borrachera para venir a disipar sus tinieblas en este aposento. Nápoles tendrá pocas quejas de mí, no ensucio demasiado sus callejones con el desecho de mi delirio. Soy un ser civilizado, aguanto el vino más venenoso sin arrugar la compostura ni echar el estómago por la boca... antes de la medianoche.

Deja el sillón y se acerca a la ventana.

¿Quién soy, qué soy después de tanto tiempo? ¿Cuáles son los rasgos de mi rostro, que no recuerdo ya y que hasta del cristal se han borrado? ¿Qué hice de mis días, qué han hecho de mí? ¿Por qué caminos he llegado aquí, quién me los ha abierto? El mundo y yo tenemos aún nuestras espadas trabadas y no sé si estoy esperando algo que el mundo me debe, o si es el mundo quien aquí me tiene acorralado para rendir un gesto de mí. *(Acaricia los pliegues de los cortinajes).* La memoria confusa que el recuerdo vierte sobre mis ojos le dicta un extraño discurso a la vida que todavía espera. Dejé mi casa, huyendo del hambre, muy joven y fui enviado como aprendiz a Milán; ya nada recuerdo del tiempo aquel. Escapé a Venecia luego, tal vez buscando maestros mejores, buscando tal vez comida más puntual. Y acabé en Roma, santuario de la fortuna, adonde llegábamos, codiciosos peregrinos, a trazar a costa de lo que fuera la riqueza y nuestra fama. Gloria, prosperidad, no las conocí nunca, no estaban hechas para durar en mí o halagar mi paso. Al fin, conjeturas, opiniones... Todo era trajinar y malvivir, huir de las fatigas, el hambre, tantas miserias; salir de fiebres y caer en hospicios de pobres y frío desconsuelo, y acabar envilecido, abriendo la mano a una limosna... Nadie me tuvo en cuenta, mi talento malvendido por unas pocas monedas porque había que comer, la Academia disculpando mis elogios... Pero aprendí pronto, puse alas a mi ingenio, disciplina en mi trabajo, y aquel muchacho extravagante, pobre, inexperto y altivo, alcanzó posición, crédito, dinero. No olvidó las penurias pasadas, mas se vio libre de las ruines ensaladas de monseñor, tan escasamente beneficiadas por San Pedro, y abandonó las cabezas y grutescos que para otros tenía que pintar; y se acabaron las insidias y los malos tratos. La antigua ciudad, como una vieja cortesana, se aprestó, ciñéndose nuevas galas y esplendores a su cuerpo envejecido, a seducir, complaciente y mentirosa, a aquel hermoso muchacho y atrevido que soñaba con igualar a Rafael. Soñaba mucho más, soñaba con ser el más grande artista, brillar sobre el prestigio de los mejores, remontar la gloria de Miguel Ángel, el otro, remover espíritus y sentidos, ser el más grande pintor, ser el más grande... y revoltoso borracho de Roma. Imprudente y soberbio soñador de sueño incierto y temprano tañedor de tripas con su acero alborotador. *(Habla como dirigiéndose a alguien que tuviera enfrente).* No, no, sargento, no; yo no quiero

pelear, este asunto no vale la pena, seamos razona-
bles, prudentes, esto... Mi espada, señor, no se está
muda si alguien me ofende y pretende quedar con
aliento de repetirlo; yo no soy callado sufridor de
injurias y ataques, ni tolero insolencias de uniforme.
Ahí va mi respuesta.

Cruza una espada invisible contra un invisible conten-
diente, hasta herirlo; tras lo cual arroja al suelo con
pesar el arma invisible, apartándose, pesaroso y tur-
bado, del invisible vencido.

¡Oh, no, no! Ya la sangre me viene mostrando su ira.
Aparto mi vista, aborrezco mis manos, pido perdón,
¿es que nadie me escucha, mis palabras no tienen
sentido? Qué poco puede un hombre despojado de
razón... Si por mi pincel me negáis el nombre, poned
excusa en mi falta, traedme reposo al menos, que-
brad la fatiga de un cuerpo prematuramente vencido, arrancadme la angustia que aplasta mi pecho.
Asuntos más imposibles remediaron esos corsarios
pontificios que me niegan compasión. ¿De qué sirve
escapar de una prisión si no se es libre y huir no
nos acerca a la libertad? No tengo casa y no sé cuál
es mi gente, dónde está mi lugar. Conozco mi oficio, amo los secretos de mi arte y su expresión, ¿y
he de comprender a los vehementes que me odian,
perdonar a quienes me afrentan y persiguen, com-
placer a los que menosprecian mi ingenio o se bur-
laron de mí o me engañaron? Demasiado temple
para metal tan vulnerable. La memoria no alcanza
a enseñarme más que un vagabundo errar cuyo fin

no se advierte. Tierra, tierra siempre bajo mis pies sin descanso, mares o tormentas, de un lugar a otro, temiendo las fortalezas, el caer del sol o la amanecida, regresando a los calabozos que ponen orden en mi locura, en mi miedo, en mi desesperación. Siempre huyendo, siempre escondido, sin mirada para la luz, recelando de las sombras que hasta mí llegaran. Pero ¿cuál es ese destino que no me da paz ni tregua, que me lleva como un barco arrastrado por tempestades y vientos contrarios? Si supiera, al menos, qué dios me persigue o qué impostor me reduce y me suplanta, bastaría el filo de mi espada para alzarme de esta postración a que me empujan, bastaría para espantar a quienes quieren verme sometido. Merisi mide su arrogancia, desdeña la conjura que con tanto daño ciñe su piel, y flaquea como un bastión asediado. Pero están lejos los que le creen vencido, o ciegos. Nadie me oirá gemir, ninguno escuchará mi queja. Llegaré a Roma, oídme, llegaré a Roma, un día burlaré su guardia, burlaré sus muros y entraré. El cielo tendría que hacerse plomo y derrumbarse ante mí para impedir mi propósito. Y llegaré a Roma para exigir lo mío, a reclamar lo que me corresponde.

Se oye, lejana, un aria del Orfeo. *Caravaggio se acerca al lienzo deprisa, tropezando con el caballete. Mira un instante la pintura y coge un pincel.*

Soy Miguel Ángel... Merisi..., llamado el Caravaggio, y mi oficio es este, pintar. Mis pinceles me dieron el nombre, jamás he querido más honor que ese, y no ambiciono otra gloria que la que me otorguen mis manos. Ni he sido piadoso ni ejemplar, ni soy más que yo mismo, pero he creado alguna belleza de ese género que pone brillo en la tierra y contento en el espíritu claro de algunos hombres. Y no es riqueza o poder lo que busco, ni recuerdo. Es poco lo que pido: si no hay perdón para mí, si no me dan justicia, que no confundan mi alma, que no pudran mi razón, que, al menos, no me atormenten ya. ¿No ha de haber un destino sin historia que me ofrezca su regazo apacible? ¿He de ser para obtenerlo este Goliat monstruoso derrotado por la piedra de un niño? Pues si mi cabeza es el precio de mi descanso, mirad, aires podridos de la estancia, cómo la ofrezco a quien la quiera tomar para remediar el dolor de tantos fracasos no merecidos...

Arroja al suelo el pincel y vuelca, después, la mesita con todos sus materiales. Aparece por el fondo una figura que avanza despacio. Es un joven cubierto con un túnica muy ligera; su figura y sus rasgos son los del David del cuadro que está pintando. Caravaggio contempla, admirado, la llegada del joven.

¿Quién eres? ¿Qué ficción estoy mirando? Acaso has oído mi protesta, tal vez mi demanda te parece justa, ¿llegas de Roma y...? Sé bienvenido si la intención que te mueve es aliviarme, acércate si vienes sin daño y presagios a llevarte esta soledad mía insoportable. Te miro y sólo en contemplar la armonía de tu cuerpo, la dulzura de tu rostro, el cristal de tu mirada, la delicia de tus labios, ya siento esa soledad escapar por todas las puertas abiertas de mis sentidos avivados. Mi sangre estaba cautiva y salta ahora como un oleaje redimido. ¿Qué es esto? ¿Quién eres y por qué me llamas, por qué veo mi vida entre tus dedos? ¿Qué es esto? Reconozco ese azul en tus ojos y el color de tu piel; te he visto antes, y siempre..., antes... *(Se detiene junto al sillón y vuelve la cabeza para mirar su cuadro)*. Claro, sí, sí; eres tú, eres tú. Sabías que te esperaba y no has querido tardar *(acercándose al joven)*, no me has querido dejar abandonado. *(Se arrodilla junto al joven y lo abraza)*. Aquí estoy. Acaricio con mis labios tu cuerpo, hundo mi piel en tu carne; aquí estoy, aquí me tienes y ya no me iré de tu lado. Viniste a salvarme y yo me tengo que entregar. Aquí tienes mi cabeza. ¡Tómala! Llévala a Roma sangrando, llévala a Roma y dile al pontífice y toda su estirpe de escorpiones que el Caravaggio no quiere más contienda, que el Caravaggio sólo desea aire limpio y la paz de un rincón para morir con un poco de decencia y toda la dignidad que aún le queda.

Por detrás del joven, de entre los cortinajes, ha surgido un caballero de la Orden de Malta. Se sitúa a la espalda de Caravaggio y le empuja con una mano, arrojándolo al suelo. Caravaggio lo mira, aterrorizado.

¿Así vienen a caer hoy sobre mí todas las sombras de mi vida? ¡Atrás, atrás! *(Retrocede por donde puede, pero el caballero le va siguiendo)*. No quiero volver a padecer este pasado. ¡Atrás! No levantaré otra espada por mi mano, nunca, nunca...

El caballero hace gesto de desenvainar su espada y ataca a Caravaggio que, viéndose acorralado, y haciendo también gesto de desenvainar la suya, hace frente al caballero. Durante unos instantes cruzan sus espadas invisibles hasta que el caballero le hiere en el rostro, Caravaggio lanza un grito, tira su espada y se cubre el rostro con las manos. Aparece otro caballero y entre los dos golpean sañudamente al pintor que, penosamente, huye como puede. Al fin, los dos caballeros se colocan, inmóviles, al fondo. Caravaggio, en primer término, de rodillas, mientras se limpia la sangre con un pañuelo. La luz cae por primera vez sobre su cabeza, mostrando un rostro desfigurado por las cicatrices, casi irreconocible.

Ya soy yo otra vez. No era posible apartarse de nada, ni burlar lo que está ahí como un insolente y sucio tapial impasible que aguarda nuestra frente estrellada. Vuelvo a mi ser y no puedo detenerme. *(Busca por el suelo, recoge un pincel y se alza frente al lienzo).* Pero ¿a dónde me voy a dirigir, qué amarras debo romper? He multiplicado tormentos y prodigios, he multiplicado estos rostros y estos ojos que espían mi agonía desde su eternidad calculada, que acechan mi angustia como atentos siervos de mi perdición, que me reducen hasta la certeza de haber vivido, ellos por mí o yo por ellos. Y ahora tengo miedo, tengo miedo de que estas cicatrices enloquecidas que brotan de mis dedos, que estas cabezas sufrientes y desesperadas, apartadas de su sangre natural, despreciables trofeos en manos de un niño, me dejen acusado, malherido, abandonado; tengo miedo de que reclamen su realidad, de que me exijan ser y yo les tenga que entregar más vida que la mía, más muerte de la que poseo. Sí, tengo miedo de que descubran esta ficción de libertad, esta inexacta voluntad de sobrevivir, esta vida que brilla con nuestras ascuas; que revelen esta inteligencia fingida, este talento prestado que sólo cuando se arrastra harto de licores brilla y no se duele de tanta verdad destruida. *(Mira al joven detenidamente y después dirige su mirada de nuevo al lienzo).* Ya no es necesario seguir por el camino emprendido con tanto error. Tal vez una sombra me lo ha enseñado. No voy a poner más luz sobre los testigos que han ensanchado a su antojo mis infiernos, que han prolongado mis abismos, secretos cómplices de los despachos, como despojos que cegaran mi conciencia para que la suya fuera libre y se adueñara de mí. Qué pronto me engañasteis y qué tarde lo he sabido. Pero ya no es necesario seguir, y estoy otra vez en mi sitio, y voy otra vez a ser yo, a recuperar lo que en vosotros he dejado. ¡Qué más da haber llegado hasta aquí, haberme arrastrado por senderos ajenos y verme lejos de lo que un día deseé! ¡Qué importa haberme negado el orgullo de hacerle frente a la bastarda conjura que me ha querido quitar hasta la luz del día, la entereza de morir con la conciencia limpia, la soberbia de morir levantado, pisando sombras! Qué poco sentido tiene esforzarse en engañar un destino que lo tiene todo averiguado, y dispuesta la pequeña vanagloria de fingir ese engaño, incluso cada una de las renuncias y todas las lágrimas entregadas a lo más turbio y negro de la noche. ¡Qué tarde lo descubro! Toda mi vida he sostenido una batalla equivocada con un destino que nunca comprendí. Inútil desafío, arrogancia vacía... No estaba en eso mi enemigo. Estaba en mí, era yo mismo, luchando contra mí mismo, encadenando mi brazo, convencido de que reducía a mi adversario. Yo mismo trazaba el rastro de mi perdición creyendo burlar a mis enemigos. ¡Qué estúpido fui! He despreciado cuanto la providencia me trajo, no supe ver prodigios o tinieblas favorables y todo lo juzgué contrario. ¿Cómo sorprenderse de las líneas brutales y los gestos tan duros que agitan mis telas? ¿Cómo asombrarse de que haya tanto dolor escondido en las penumbras de mi pintura? ¿Cómo no advertir la poca dulzura de la luz que las ordena y las explica, si era yo mismo dibujando sobre el lienzo mi soledad, mi poca esperanza? Y creía estar escapando, y creía estar olvidando... Yo he sido este hermoso David lleno de fuerza y de luz triunfante, y ahora... He luchado demasiado y no me quedan muchas fuerzas, pero aún conservo las suficientes para reconocer los rasgos de mis rostro en esta cabeza horrible y desfigurada. Es mi gesto, es mi frente, son mis ojos mirándome desde un mundo que no es el mío, desde una quietud que no quiero, desde una muerte que no me pertenece y una victoria que no deseo. Es otro mi lugar. *(Tirando al suelo el caballete y destruyendo el lienzo airadamente)*. Es otro mi camino, y ya tardo mucho en comprenderlo... *(Se acerca lentamente al joven)*. Ya no temo tu voz si me hablaras, ni la brisa helada que corre por tu piel. Sé que no eres heraldo de nadie, y que nada me traes. No espero de ti ninguna redención, ni traición alguna. Pero es que en Nápoles iba a tener mi epitafio porque ya la muerte me había resignado a detener aquí mi viaje. Caravaggio, Caravaggio, me susurraba con suavidad, detén tu paso en este lugar, descárgate de la fatiga que te abruma y te socava. ¿Qué esperas ya encontrar en Roma, vale la pena siquiera llegar? Quédate en Nápoles, quédate aquí; en ningún otro punto de la tierra podrá favorecerte fortuna mejor. Olvida la vanidad y todos los fatuos impulsos que resecan el ánimo y el pensamiento, olvida esos años tan numerosos que se te escaparon y todo lo que has perdido en caminos, riñas y prisiones. Caravaggio, olvida y quédate aquí, sí. Aún puedes recuperar el tiempo y la gloria que no has podido retener, que no has sabido guardar y que te han quitado, el tiempo y la gloria que tú mismo, Caravaggio, te negaste... Mas no era este el final de mi viaje *(Caravaggio coge las manos del joven y las aprieta entre las suyas)* ni la hora de mi triunfo. Y ha bastado para comprenderlo el mar de tus ojos que en silencio derramaba su oleaje por tus manos en mi cabello.

Lo abraza y lo besa apasionadamente, y abrazándolo cae otra vez de rodillas. Mientras Caravaggio habla, aparece por detrás de los caballeros de Malta, inmóviles, el Papa Paulo V, que mira divertido la escena y camina solemne y cauteloso, arrastrando toda la opulencia pontificia de sus ropajes. Da una vuelta por el aposento hasta situarse detrás de Caravaggio.

Porque ahora sé que no vienes a cobrarme un tributo, sino a decir mi extravío, a corregir mi abandono, a ponerme en el pecho la fuerza que me faltaba, mi antigua insolencia y el fuego de mi sangre enamorada para desatarme de esta postración regalada que me afrenta. Porque sé que tú no eres un joven príncipe victorioso, ni yo el destruido gigante sobre el que edificó su linaje. Veo en ti la belleza y la juventud que había olvidado. Yo fui como tú, pero tú no serás nunca como yo, pues, aunque seamos lo mismo, no dejaré que tu resplandor se entenebrezca, ni que tu carne se arrugue mordida por el dolor o las cicatrices del acero, o la implacable rueda del tiempo. Para siempre serás esta hermosura que abrazo, que soy yo mismo abrazando el corazón que nadie pudo arrancarme...

El Papa contempla divertido y sonriente la ternura y la energía del monólogo, las confesiones de Caravaggio y las caricias que le prodiga a su hermosa imagen. El Papa se echa a reír y camina hacia el fondo, riendo, hasta colocarse, inmóvil también, en línea con los caballeros. No deja de mirar a Caravaggio y de reír. Caravaggio se ha separado del joven, y lo ha seguido con la mirada hasta que se detiene.

¡Nadie, nadie! Llegaré a Roma. ¿Quién podrá evitar mi empeño, quién se atreverá a cerrarme el paso? Ningún vivo lo ha de lograr, y menos sombras o muertos. Llegaré a Roma aunque el cielo truene con su burla más fuerte y guarde sus puertas el propio arcángel de la guerra. Y alcanzaré lo que ya nadie me puede negar ni por fuerza ni con armas.

Con paso firme y figura vacilante, fatigado y enfermo, Caravaggio abandona la estancia. Las risas del Pontífice, cuya figura ha quedado inmóvil, como la de los Caballeros y el joven, van in crescendo *hasta hacerse atronadoras. Se va haciendo el oscuro.*

2. La soledad en Porto Ercole

Un calabozo en Porto Ercole.

Sobre la oscuridad van desvaneciéndose las carcajadas pontificas. La música va superponiéndose a las últimas risas, y domina ya el abrir de las luces bastardas que iluminan la escena. Es el interior de otro calabozo, habitado sólo por el cuerpo encogido de un hombre que duerme sobre el suelo en un extremo. Se abre la puerta del calabozo y entran dos soldados que conducen a un hombre, Ranuccio, que no opone ninguna resistencia. Los soldados lo arrojan al suelo sin consideración, uno de ellos cierra la puerta por dentro y los dos se quedan junto a ella montando guardia, con sus armas aprestadas. Ranuccio se incorpora y, de rodillas, mira a los soldados, arrogante, se ríe de ellos y les hace gestos de burla. El preso que dormía, despertado por los ruidos, se levanta, sale de la penumbra y se dirige cautelosamente hacia el recién llegado, mientras increpa a los soldados, que lo ignoran y charlan entre ellos.

Ranuccio.– ¡Vaya, vaya! El imperio debe andar muy sobrado de hombres, por un momento creí que se iba a meter conmigo toda la guarnición de Porto

Ercole. Ningún emperador he visto con escolta tan aguerrida y numerosa como la que ha flanqueado las raídas grandezas de un ratero.

CARAVAGGIO.– *(Detrás de Ranuccio, inclinado sobre él, poniéndole una mano sobre el hombro).* Ranuccio...

RANUCCIO.– *(Levanta su cabeza y pone su mano sobre la de Caravaggio).* ¡Caravaggio! ¿Qué..., qué haces en Porto Ercole tú?

Antes de que Ranuccio se levante, Caravaggio ha caído de rodillas y se abrazan emocionados y sorprendidos. Uno frente al otro se miran, casi incrédulos.

CARAVAGGIO.– Ranuccio, Ranuccio...

RANUCCIO.– Caravaggio, amigo. No puedo creerlo... *(Se vuelven a abrazar, riendo ya, regocijados, con repentina alegría).* Pero, ¿qué te trajo por aquí?

CARAVAGGIO.– Ranuccio, hermano, maldito chambelán de estos podridos alcázares, asuntos de estado me han puesto así.

Vuelven a mirarse, pero poco a poco van regresando a la realidad, se borran las sonrisas y ya se ven como son y conscientes del lugar donde se encuentran.

RANUCCIO.– *(Pasando su mano por el rostro de Caravaggio).* Caravaggio, ¿qué ha sido de ti? ¿Qué te han hecho, qué ha pasado? Tus ojos, tus dedos, tu voz me han dicho que eras tú; en tu rostro jamás te habría conocido. *(Caravaggio tose, se tambalea, se estremece; Ranuccio se apresura a sujetarlo).* Estás enfermo, estás muy enfermo, y en este calabozo...

CARAVAGGIO.– No es nada, no te preocupes, Ranuccio. Estos catarros míos son normales, me anuncian el otoño igual que las hojas amarillas que se caen.

RANUCCIO.– Si estamos en julio...

CARAVAGGIO.– ¿Y qué más da? Es la humedad que sube de la playa, la brisa fresca del mar... Además, se me pasará en cuanto mire la luz otra vez, en cuanto salga a la calle. *(Toses)*. La libertad es la mejor medicina que conozco.

RANUCCIO.– Sigues igual que siempre, Caravaggio; no has cambiado nada. El mismo demonio que conocí en otro lugar parecido a éste.

CARAVAGGIO.– Es cierto lo que te digo, no te engaño. Créeme. Me arrestaron ayer equivocadamente, sin duda me confundieron con otro y me encerraron aquí. Pero me han dicho que pronto me sueltan, tal vez hoy. Me voy a Roma. Un barco me espera en la bahía. Recibí noticias en Nápoles, buenas noticias. Algunos amigos míos me están ayudando, gente importante, el cardenal Gonzaga intercede ante mí. Están convencidos de que pronto lograrán del pontífice mi indulto. Por eso debo estar en Roma cuanto antes, mi liberación no puede tardar ya, ¿comprendes?

RANUCCIO.– Está bien, está bien, sí, sí, pero cálmate... Si es verdad lo que me dices no hay de qué inquietarse. Cálmate. Tranquilo, descansa. No te conviene excitarte.

CARAVAGGIO.– Tienes razón. Qué torpe soy, perdóname. ¡Qué alegría verte, Ranuccio!

RANUCCIO.– No es el lugar más amable para un encuentro, pero... yo también me alegro de verte, amigo. Dos años huyendo sin pensar en otra cosa más que en huir, huir, esconderte, más lejos cada vez, de acá para allá como un comediante. A veces me he acordado de ti, robando en un iglesia... Bien mirado, el asunto tiene gracia: toda Europa a nuestros pies ofreciéndonos cualquier refugio deseable, y venimos a encontrarnos en un inmundo calabozo, igual al calabozo donde nos conocimos, igual al calabozo del que escapamos, sin saber exactamente cómo ni para qué. Y aquí estamos, otra vez en casa. ¡Qué absurdo vivir! ¿Merecía la pena esto, llegar a este punto?

CARAVAGGIO.– Tú dijiste una vez que sí, lo recuerdo...

RANUCCIO.– *(Se levanta y camina)*. Bah, es igual, da lo mismo todo. Ningún río puede evitar el mar, y nosotros somos ríos que vamos inevitablemente, hagamos lo que hagamos, a donde ya sabemos. Todos los sitios son el mismo lugar.

CARAVAGGIO.– Ningún destino es tan ciego, ningún destino está trazado. Hay voluntad y...

RANUCCIO.– *(Paseando, impaciente)*. Bueno, bueno, y qué más da. Se llega y se acabó. Cuéntame, Caravaggio, ¿dónde fuiste, dónde te has metido todo este tiempo?

CARAVAGGIO.– Huyendo, como tú. Siracusa, Mesina, Palermo, Nápoles, qué sé yo, de un lugar a otro, sin tranquilidad en ninguno, vagabundo en todas partes, extraño, como otro comediante más. Temeroso de todo y sin esperanza de nada hasta...

RANUCCIO.– *(Vuelve junto a Caravaggio y se sienta)*. Yo nunca tuve miedo, ni siquiera ahora. Pero aquella tarde sí, aquella tarde tuve miedo: recuerdo cómo se estrujaban mis tripas oyendo acercarse a los soldados. Y recuerdo el desconcierto que en aquel momento descubrí en tu mirada, y eso me dio más miedo porque me hizo sentirme, de repente, abandonado: creía que iba a morir. Habíais hablado de tantas cosas aquel viejo chiflado y tú, de tantas cosas irreales y absurdas, que lo más absurdo de todo parecía que fuéramos prisioneros condenados o que nos tuviéramos que morir en aquel preciso momento. También recuerdo lo último que dijo el viejo, que pretendía, necio, amedrentarnos. Su miedo era como el nuestro, más cínico, pero se lo arrancaba fríamente con su estudiado gesto escénico y nos lo arrojaba a la cara a nosotros con sus maneras de sentencioso y solemne recitador experto. Salió sereno y en silencio, con el escrupuloso orden de una princesa griega subiendo a su desenlace sobrecogedor a declamar unos versos antes de que el poeta la arroje a una razonable hoguera, o le arruine la túnica a cuchilladas, o le permita ser arrebatada por un artilugio olímpico de mucho efecto. Mientras, Pasqualone gritaba como un loco, ¿te acuerdas? Ya sabía lo que pasaba... Un poco después la escena cambió, imagino que sería en el último peldaño del patíbulo; entonces eran los gritos de Flavio lo único que se oía sobre el mundo. Esa escena trágica no fue urdida por ningún poeta para servir a su lógica dramática, no: un tribunal, un mundano tribunal, con sus leyes en la mano, la concibió. Cuando mataron a Flavio y Pasqualone se me acabó el único miedo y ya nunca, nunca, he sabido lo que es. En aquellos momentos de incertidumbre había comprendido lo despreciable que puede ser un sentimiento humano donde no hay humanidad, y lo ridículo de un vivir que da vueltas y vueltas alrededor de la muerte... *(Se vuelve a levantar)*. La noche que escapamos del Forte Sant'Angelo me sentí ultrajado por tantas debilidades carcelarias, me reí de mí mismo y juré que no me vería otra vez en el mismo trance. ¿Escapar, dije? Estorbar la condena, retrasar la horca, prolongar en nombre de nada una agonía intolerable. Por un momento pensé que podíamos cambiar las cosas, la tierra parecía tan grande ante nosotros, vasta como la luz del sol o el mar interminable; algo semejante a la libertad nos hacía concebir algo parecido a la esperanza... Al menos, extraviar los ojos en lejanías sin muros, ni torres, ni guardias, parecía darnos fe en nosotros mismos. Creí poder cambiar el rumbo del destino pero enseguida noté la aspereza de la cuerda en el cuello. Sí, porque para el mundo silencioso y ordenado nosotros éramos pequeños animalitos, atados con una soga a un palo que nunca debemos perder de vista, aunque no la veamos, porque ese es el único soporte de nuestra existencia, el único sol de nuestro universo, todo el argumento de nuestra comedia. Éramos tan necios que nos sentíamos libres, dueños de nosotros y era en realidad que nos soltaban un poco de cuerda para no morir, porque tirábamos fuertes en nuestra ignorancia, pero con el cabo bien sujeto y sin peligro de romperse... ¿Alguna vez ha sido de otra forma, será distinto alguna vez?

CARAVAGGIO.– Supongo que sí... Todos hemos sufrido mucho, tú por esto, yo por aquello. En esta sucia vida que compartimos parece que no tenemos otro derecho que el de ser humillados, padecer, siempre a manos y en el campo de los mismos perros que han edificado este maldito mundo que tú y yo aborrecemos, y contra el que hay que luchar. Porque hay que luchar. ¿Qué soy yo? ¿Qué eras tú? Yo, un borracho pintor descontento; tú, un borracho lacayo descontento. Somos iguales, nos une lo más importante. El mundo y sus servidores, la vida y sus contratos, los hombres y sus grotescas empresas nos importan un carajo. En nosotros estaba el poder cambiar, el mundo temblando en manos de un artista indeseable y un corrupto funcionario...

RANUCCIO.– Pero no lo hicimos, Caravaggio, no pudimos. El mundo es de los príncipes y los banqueros, con sus cortes y sus gobiernos; la vida nos la cuentan los despachos de la Curia romana, la tierra es de los ejércitos del emperador. ¿Qué podíamos hacer? ¿Qué poder tenía nuestra furia ilusionada, nuestro coraje, nuestro corazón incendiado, qué poder tenía contra la santa cólera del cielo, sus máquinas en la tierra y los pactos de sus aliados? La voz sin conciencia de asesinos, desertores, maleantes, ladrones, herejes, traidores..., eso éramos, nada para el orden universal. Eso, un artista fracasado y un vulgar delincuente adornado con toda clase de calificaciones degradantes, eso sí, reo final de muerte. Eso somos. Muy poca cosa, muy poca cosa ya, y por poco tiempo. *(Mira a los soldados, que permanecen ajenos y distraídos).*

CARAVAGGIO.– No te rindas, aún podemos hacerlo, Ranuccio; todavía nos queda tiempo. Saldremos pronto de aquí. Ven a Roma conmigo, vente a Roma. He fletado un barco y me espera en la bahía. No hay dinero a bordo, todo lo he gastado en el viaje, y estoy ya tan cerca... No hay dinero, pero saldremos adelante. Iremos a Roma, aún tengo mis pinceles, no nos faltará nada. Y si no podemos cambiar el mundo, a la mierda con el mundo. Nos aguardan tres mil noches y todo el vino de la tierra para reventar a gusto, si placer para los sentidos es todo lo que podremos arrancar a nuestro cuerpo... *(Vuelve a toser, se estremece, y ha de apoyarse en Ranuccio, que lo sujeta).*

RANUCCIO.– Cállate, calla, Caravaggio; calla, calla. Estás muy enfermo, ¿no lo ves?, y yo estoy muerto. Ni tiempo tenemos ya. El mundo se ha reído de nosotros.

CARAVAGGIO.– *(Febril).* ¡No, no! Todo nos irá bien en Roma, ya verás. ¿Cómo puedes hablar así? El barco nos espera, las cosas van a cambiar. ¿Dónde está mi espada?

RANUCCIO.– ¿Y a dónde nos llevará ese barco? ¿Y de qué nos sirve una espada? ¿Aún no has comprendido que las cosas no cambian, que para nosotros no cambian? Ningún Orfeo vendrá a buscarnos en nuestro pequeño abismo. No habrá música ni escena cuando la dama se apodere de nosotros y nos lleve...

CARAVAGGIO.– Debes acompañarme a Roma, Ranuccio. Te necesito...

RANUCCIO.– *(Alejándose unos pasos de Caravaggio).* ¿Cómo dices? No, Caravaggio, no. Yo no puedo ir a ninguna parte ya. Y casi me alegro. Estoy cansado, tan cansado de equivocarme.

CARAVAGGIO.– Pero en Roma nos espera...

RANUCCIO.– *(Impetuosamente).* ¿Qué nos espera en Roma, Caravaggio? ¿Qué clase de justicia podemos esperar todavía? El poder envenena, la gloria corrompe, la justicia somete... Si pudiera tenerlas,

si me las dieran, escupiría sobre ellas y las pisotea-
ría como a una serpiente antes de que pusieran en
mi carne su ponzoña. No vayas a Roma, amigo, no
vayas a Roma. La gloria de que me hablas, el perdón
que toda tu vida has buscado, la justicia que deseas
no están en Roma. Están en ti, siempre han estado
dentro de ti, y sólo esperan una señal, la señal que
las hará tuyas definitivamente: el mundo no lo
habrá podido impedir. Tu victoria y tu verdad están
ahí, y tu fuerza. Si vas a Roma y las pones a la luz
tu lucha habrá sido inútil, y tu desesperación y tus
humillaciones. Porque en Roma destruirán hasta el
recuerdo de tu nombre.

CARAVAGGIO.– Pero debo ir. Mis amigos, el indulto, el
barco...

RANUCCIO.– ¡Qué ciego estás! ¡Cuánto mal te han hecho!
Te estará abrasando todo el oro del sol y no te darías
cuenta.

CARAVAGGIO.– ¿Qué harás tú, Ranuccio...?

RANUCCIO.– ¿Yo? Quedarme aquí. Esto es lo que hago. No
dejar que sigan jugando conmigo. Romper la cuerda
que me ata de una vez. Clavarme la vida para que la
muerte sea mía, morir abrazando lo que amo. Lle-
varme la entereza que nadie me ha podido doblegar,
aunque sea la entereza de un indeseable, de un crimi-
nal santa y rectamente juzgado. Esto es lo que hago.
Basta ya de fugas, de engaños, de barcos que esperan... Me gustaría que lo entendieses, y que hicieras
lo mismo que yo: parar, parar simplemente y plantar
cara a los que nos niegan, reírte de la horca, desafiar
a los que fingen no temernos. Ninguna otra fidelidad
nos hará ser más grandes, ni otro doloroso heroísmo.

Somos espejo de otras cosas. Nobles y cortesanos, poetas y caballeros, obispos y capitanes tienen sus reglas de juego, muy lejos de nosotros. No desbordan sus sentimientos, el pudor los enaltece, las pasiones son dominadas, eso da distinción y señala la fortaleza de alma. La podredumbre se engalana de sedas y rosas, y versos; ni un instinto plebeyo, ni una debilidad vulgar. Son corteses y generosos, mesurados y contenidos, y exhiben justas palabras y grandiosos pensamientos, y son fieles a muchos ideales y otras clases de poderes y sanas ambiciones. Pero, sobre todo, nos desprecian, juegan con nosotros, somos su lucrativa diversión. Y, además, sus leyes, su piedad, su justicia nos persiguen, nos aplastan, ensayan con nuestra vida su bondad, sus teorías de gobierno; sobre nuestra hambre, con nuestros huesos levantan y extienden su dominio, celeste y terrenal, somos el inevitable y maloliente cimiento de su refinada civilización. No, no. ¡Basta ya, basta! He peleado y he perdido, me he rebelado y se sido vencido. No quiero su piedad ni su justicia, ni ser carnaza de nadie ni halcón amaestrado. Que hagan conmigo lo que se han propuesto hacer, pero rápido. Si no me ahorcan los españoles, me ahorcarán los franceses, porque para todos somos enemigos y la corte debe quedar tranquila. Me da asco todo ese heroísmo domesticado, todo ese humanismo servil que se educa en el amor a los antiguos y los privilegios del poder, en el santo temor de Dios, y otros servicios igualmente poco confesables, y en el desprecio de los hombres del estado común. Esto es lo que hago, Caravaggio. Poner digna, serena y calladamente un rictus de contrariedad en la compostura de su gesto inalterable porque un mugriento indeseable ha despreciado una libertad vendida y ha preferido morir inconfeso y rebelde, un indeseable que ha decidido ser un indeseable íntegro, un mugriento asesino, desertor, maleante, ladrón, salteador de despachos y caminos...

Se oyen unos golpes en la puerta, una señal. Los solda-dos se aprestan y se dirigen despacio hacia Ranuccio, que los mira y calla. La puerta del calabozo se abre. Caravaggio lo contempla todo sin comprender.

CARAVAGGIO.– Ranuccio, ¿qué es esto, qué...?

Ranuccio le pasa sus manos por las mejillas y Caravag-gio intenta retenerlas con las suyas, sin conseguirlo. Ranuccio retrocede, apartándose de su amigo.

RANUCCIO.– Adiós, amigo, cuídate... *(Camina de espaldas hasta que llega a los soldados que vienen hacia él, y, sin resistencia, se entrega y se deja llevar, hasta salir).* Mi función se termina. Todo está ya preparado para acabar. Caravaggio, no vayas a Roma, no vayas. Aléjate de ellos, aléjate. No vayas a Roma...

Ranuccio y los soldados salen. La puerta se cierra otra vez.

CARAVAGGIO.– ¡Ranuccio...! *(Toses violentas lo agitan, el dolor lo estremece, gime, se ovilla, pero nada consigue abatirlo del todo al suelo).* Te esperaré, Ranuccio, en la playa, te esperaré. No tardes, no tardes...

Se abre de nuevo la puerta y entran otra vez los mismos soldados, y se acercan ahora a Caravaggio.

SOLDADO 1.– *(Empujándole con la culata del mosquetón).* ¡Vamos, vamos, levántate! ¡Fuera! ¡Lárgate, sal de aquí!

Caravaggio los mira sin reaccionar.

SOLDADO 2.– *(Ayudándole a ponerse en pie).* Estás libre... Puedes marcharte.

CARAVAGGIO.– *(En un murmullo).* Ranuccio, yo...

SOLDADO 1.– *(Impaciente).* Venga, date prisa, que no te llevamos a la horca.

SOLDADO 2.– *(Mientras echa un vistazo por los rincones por si el prisionero se deja algo olvidado).* Oye, tú, déjalo, no le impacientes. No hay prisa. *(Encaminándose hacia la puerta, cerca de la que ya están Caravaggio y el otro soldado; Caravaggio camina despacio y el soldado le da empujones).* Déjalo ya. ¿No ves que está enfermo?

Salen. Se hace el oscuro.

3. Comediantes en la playa

Una plazuela, cerca de la playa.

En un rincón dos vagabundos están comiendo animadamente. Aparece Caravaggio con un andar vacilante. Los vagabundos lo miran llegar. Caravaggio, desorientado y muy débil, da una vuelta a la plaza, mirando a todas partes, tropieza, se cae.

Vagabundo 1.– ¡Eh, compañero! ¿Es la primera de hoy o la última de ayer?

Los dos vagabundos ríen estrepitosamente, sin dejar de comer y beber.

Vagabundo 2.– ¿Quieres un trago, eh, lo quieres? Uno más no se te iba a notar.

Caravaggio no hace caso, o no oye. Se levanta, camina, trastabillea y vuelve a caer.

Caravaggio.– *(Mientras se levanta).* ¡Oh, aquella soledad de Porto Ercole, aquella soledad! Pronto me van a soltar, quiero ser libre *(ya en pie),* ¿por qué me detenéis...? Es un error, estáis confundidos, mi nave es aquella, vengo de Nápoles, me esperan en Roma... No me pueden llevar preso, no, ahora, no. Os puedo dar la cabeza de Holofernes, o la túnica de David... *(Dirigiéndose a los vagabundo, divertidos primero, incómodos después y, al final, enfadados).* Ilustre senado, escuchad...

VAGABUNDO 1.– Qué buena la llevas, sinvergüenza.

CARAVAGGIO.– Atended, yo soy el famoso artista romano, soy el Caravaggio. Os pido, os pido...

VAGABUNDO 2.– Toma, toma. *(Le lanza una botella, que Caravaggio recoge).* Ya sé lo que quieres, ladrón, no insistas.

CARAVAGGIO.– *(Arrojando al suelo la botella).* ¡No quiero vino, no es beber lo que quiero...!

VAGABUNDO 2.– *(Se levanta, furioso, y se dirige amenaza-dor a Caravaggio).* ¡Oye, hijo de puta, ese era todo el vino que teníamos, y tú no...!

Caravaggio se derrumba apenas le pone las manos encima, en medio de toses y estremecimientos; el vaga-bundo se alarma y retrocede.

VAGABUNDO 1.– ¡Eh, eh! ¿Qué le pasa?

VAGABUNDO 2.– Y yo qué sé lo que le pasa. No le he hecho nada, si no lo he tocado siquiera. Está enfermo.

VAGABUNDO 1.– Está muy borracho. Déjalo.

El vagabundo regresa a su sitio, junto a su compañero. Siguen comiendo y cuchicheando, sin quitarle los ojos a Caravaggio, que se incorpora lenta y trabajosamente del suelo.

CARAVAGGIO.– La gloria señaló mi cabeza victoriosa, o el destino caprichoso, la fortuna estuvo en mis manos, pude ser el más grande, reírme de todos, no respirar el lodo de Roma, ser eterno en las grandiosas bóvedas, en los altares de las capillas más ilustres, en los sepulcros magníficos, en los más suntuosos palacios del orbe... Necio, qué fácil hubiera sido. La gloria se ha desvanecido y la fortuna ya no sé dónde está. Llevo cinco días sin comer... *(Dirigiéndose otra vez a los vagabundos).* Caballeros, os daré todo lo que tengo en el barco por un poco de pan y alguna fruta.

Caravaggio se encamina hacia ellos y para evitar que se les acerque le echan un trozo de pan, que cae al suelo. Caravaggio lo busca, lo recoge y, hambriento, allí mismo se sienta a comérselo. Entra otro vagabundo con un bulto en la mano y se une a los otros.

VAGABUNDO 1.– ¡Eh! ¿Dónde has estado metido? Ya creíamos que no venías...

VAGABUNDO 3.– Vengo de la playa. Mirad *(desplegando el bulto, que resulta ser una riquísima capa)* lo que he conseguido.

VAGABUNDO 2.– *(Asombrado).* ¿A quién le has robado esto?

VAGABUNDO 3.– Vale mucho dinero esta pieza, ¿eh? Se la quité a una gente que había en la playa, unos marineros de Nápoles. Esperaban a su patrón y como no aparecía...

Caravaggio, que ha visto la capa, se levanta y se arroja sobre ella.

CARAVAGGIO.– Pero si es mía, es mía. ¡Mía!

VAGABUNDO 3.– ¿Qué dice éste? Suelta, lárgate, déjame en paz...

Los vagabundos sujetan a Caravaggio, lo empujan y golpean, y lo arrojan al suelo. Caravaggio los mira, impotente, y los escucha, incrédulo y dolorido.

VAGABUNDO 1.– ¿Y cómo la has conseguido?

VAGABUNDO 3.– Bueno, veréis... Aquellos marineros decían que el patrón estaba muerto, en una riña, o eso se murmuraba, porque era muy borracho y pendenciero, o que se lo habían llevado los soldados al presidio. En Porto Ercole no se sabe nunca con certeza... Así que decidieron apoderarse de sus cosas. Trajeron a la playa la carga, sus baúles y equipajes, los abrieron y, para que nadie les burlara su paga y su paciencia, se lo repartieron todo... Empezaron a embarcar en la lancha para volver al barco y seguir el viaje que llevaban. Yo no quise quedarme sin mi despojo y buscando una rica pieza agarré esta capa y eché a correr porque empezaron a apedrearme y me venían a perseguir. Pero los de la lancha les gritaban que me dejaran y volvieran, que levarían anclas en cuanto subieran al barco y que ya tenían bastante. Así que, ellos remando y yo corriendo hasta aquí, hemos dejado el asunto de esta manera.

Caravaggio se ha incorporado y, después de oír el relato del vagabundo, se pone en marcha, con su paso cada vez más convulso y desequilibrado.

CARAVAGGIO.– ¡La playa, la playa! He de llegar a la playa...
Mi barco me debe esperar, no pueden marchar sin
mí. La playa...

VAGABUNDO 3.– ¿Y ese quién es? ¿Qué le pasa? ¿Está
loco?

VAGABUNDO 2.– Está enfermo.

VAGABUNDO 1.– Está borracho. ¿No se nota?

*Ríen, siguen con su faena y cuchicheos, mientras Cara-
vaggio sale hacia la playa, atropelladamente. Oscuro.*

La playa de Porto Ercole.

*Al atardecer. La escena, vacía; a un lado, únicamente,
hacia el fondo, unas piedras grandes por las que deam-
bula una figura, una vieja, que, de cuando en cuando,
se detiene para espiar a Caravaggio. Se oye el rumor del
mar. Caravaggio recorre la playa con creciente ansiedad, tratando de adentrar su mirada en un horizonte
que difícilmente reconoce. Camina cada vez más fatigado, más vacilante, gestos de dolor muy contenido,
pero siempre a punto de desbordarse. A veces, hace
señas y da voces a un barco, inexistente ya, tras lo cual
nuevas convulsiones lo acallan y reducen. Entran unos
comediantes, que se acercan al lugar donde está Caravaggio. Uno toca la flauta, otros vienen bailoteando;
otro lleva un disfraz hecho de jirones azules ondulados y
es como si representara el mar; otro, con zancos, figura
una gaviota; otro lleva una máscara....*

CARAVAGGIO.– Tu camino se oscurece y la brisa borra tu
rastro sobre las aguas, arden tus velas en el hori-

zonte, en el umbral de la lejanía que te quita de mis ojos. Vete, sol, pues es tu camino y tus despojos no han de sostener mi cuerpo encima del mar. No eres la nave que me lleva. Aunque tu proa encendida volverá mañana a partir de la oscuridad que la luna trama para que reine más tu fulgor *(los comediantes bailan y dan vueltas a su alrededor)*, la brisa se habrá llevado mi señal sobre la arena.

Calla, turbado, al advertir a los comediantes a su alrededor.

COMEDIANTE 1.– *(Tras hacer una seña y aquietar a todo el grupo)*. Ved un semblante atribulado, brocal de un pozo profundísimo por el que un pensamiento se ensimisma, se prolonga y crece. Ved la poca arrogancia de un cuerpo que se recoge en su sentimiento. Ved la grandeza de un hombre que sufre y lo sabe. Pocas veces se puede contemplar un espectáculo tan hermoso. Este hombre merece honra, fama y respeto. Yo, señor, soy el mar, y el mar os pongo en los pies, que es cuanto soy y tengo. *(Caravaggio se encoge y gesticula su dolor y el fuego que lo abrasa; mira a los comediantes y al que habla, confuso y turbado; se deja caer al suelo, y, mientras agoniza, el comediante termina su farsa, desconcertado)*. Y si otra cosa he de ser también os la daría porque vuestra alta corona fuera el sol de esta hora sin luz y de esta orilla sin fortuna...

Caravaggio está muerto. El comediante se queda quieto, mirándolo; los otros, inquietos, se miran unos a otros.

COMEDIANTE 2.– Parece que no respira. Está muerto.

COMEDIANTE 1.– *(Se agacha, observa, comprueba y se levanta).* No siente el daño de ninguna fiebre maligna. Este hombre duerme. Es un gran actor, mucho mejor que yo. ¡Andando! No detengamos más nuestro viaje.

El flautista toca su instrumento, pero los comediantes marchan en silencio y ya sin bailar. La vieja de las piedras se va acercando al cuerpo inerte de Caravaggio, arrastrando un pesado fardo. Podría ser la gitana de la primera escena. Deja el fardo a un lado, se arrodilla ante el cadáver y comienza a registrarlo sin ninguna consideración.

GITANA.– Ni cruz ni cara, ¡vaya maldito cristiano! Y la bolsa más triste que un hereje socarrado. No sacaré nada en claro de un día tan desabrido. Tanta farsa no podía acabar bien...

Entra un mensajero y se acerca a la vieja.

MENSAJERO.– Vieja, ¿es esta la guarnición de Porto Ercole?

GITANA.– Esta es.

MENSAJERO.– ¿No se entierra a los muertos aquí? ¿Por qué no avisas a la guardia?

GITANA.– No es asunto mío que los cuerpos queden insepultos. A este, como no lo echen pronto a un pozo, se lo come la marea. ¿A mí qué me va? Tampoco daré testimonio de su loco proceder y su miseria... *(Confidencial).* Todo el día se lo pasó de un lado a otro por la playa, como un espectro, gritando como un endemoniado...

MENSAJERO.– Y de lo que le robas, ¿darás testimonio?

GITANA.– ¿A este? Ni una moneda para cruzar la laguna lleva, no alcanzará ni cielo ni fuego: a medio camino se va a quedar el maldito. Nada más que su podrida carne se ha de tragar la tierra, no me quita nada de ganancia. Anda y avisa a los soldados que le pongan sepultura, y algún cura que le llueva rezos. Tiempo me sobra de registrar sus desiertas haciendas. Anda, anda.

El mensajero da unos pasos y de pronto se detiene.

MENSAJERO.– Oye, vieja, ¿conoces a uno que se llama Miguel Ángel Merisi...? Le llaman...

GITANA.– No.

MENSAJERO.– Se dice que desembarcó en Porto Ercole. Parece que fue herido en Nápoles, en Roma se rumoreó que había muerto. Yo vengo de allí para traerle algo que esperaba...

GITANA.– ¿Y yo qué sé, muchacho? Pregunta en las tabernas, o en el presidio. Porto Ercole está lleno de pordioseros de larga lengua y gaznate seco, ellos saben más que yo. Pregúntales, y si tu amigo no cuelga de una horca, podrás aliviar sus pecados.

El mensajero hace un gesto de indiferencia y sale.

GITANA.– Amigo, quédate con lo tuyo que yo me voy. Te dejo como te encontré: tu maldita muerte no me da ningún provecho. ¡Estigmas de San Miguel! Ya no hay caridad en el mundo para los desvalidos. Si ya te sobraba todo, ¿no pudiste esconder unas monedas para mí?

Se ha puesto en pie y se aleja lentamente, arrastrando con visible esfuerzo el pesado fardo. De entre las piedras ha surgido otro mendigo, y se acerca al cadáver. Mientras la gitana se va alejando, el recién llegado se aplica codiciosamente a registrar las ropas de Caravaggio. Resuena otra vez la «Tocata para metales» y se va haciendo, muy lento, el oscuro.

Índice

Esta edición de

IL CARAVAGGIO

quedó dispuesta para la tinta
en septiembre de 2024,
ninguna hoguera acallará la verdad